蒙台梭利早教经典分段育

蒙台梭利养育3岁孩子

〔意〕玛丽亚·蒙台梭利◎著　刘 妍◎编译

中国妇女出版社

图书在版编目（CIP）数据

蒙台梭利养育3岁孩子 /（意）蒙台梭利著；刘妍编译. -- 北京：中国妇女出版社，2016.2

ISBN 978-7-5127-1227-0

Ⅰ. ①蒙…　Ⅱ. ①蒙…　②刘…　Ⅲ. ①儿童教育—早期教育　Ⅳ. ①G61

中国版本图书馆CIP数据核字（2015）第301009号

蒙台梭利养育3岁孩子

作　　者：〔意〕玛丽亚·蒙台梭利 著
译　　者：刘　妍 编译
责任编辑：门　莹
封面设计：尚世视觉
责任印制：王卫东
出版发行：中国妇女出版社
地　　址：北京东城区史家胡同甲24号　　邮政编码：100010
电　　话：（010）65133160（发行部）　　65133161（邮购）
网　　址：www.womenbooks.com.cn
经　　销：各地新华书店
印　　刷：北京通州皇家印刷厂
开　　本：165×235　1/16
印　　张：14
字　　数：115千字
版　　次：2016年2月第1版
印　　次：2016年2月第1次
书　　号：ISBN 978-7-5127-1227-0
定　　价：26.00元

编者的话

玛丽亚·蒙台梭利博士是意大利第一位女医学博士，是20世纪享誉全世界的杰出幼儿教育家。1870年8月，玛丽亚·蒙台梭利在意大利安科纳地区的基亚拉瓦莱小镇出生。父亲是军人，母亲贤淑文静，博学多才。

蒙台梭利从小受到非常好的教育，虽然是独生女，但父母对她从不溺爱。幼年起她便自律自爱，独立，同情弱者。13岁时，蒙台梭利选择米开朗琪罗工科学校学习数学，这在当时的女孩子中是很少见的。而她从这所学校毕业时，是成绩最优秀的学生。后来她学习了现代语言与自然科学，此后对生物学产生兴趣，于1890年进入罗马大学学习生物学。在学习生物学期间，她又对医学产生了浓厚的兴趣，决定学医。由于当时保守的欧洲社会是没有女子学医的，她的决定不仅遭到父亲的反对，而且不被当时的教育体制所允许。但蒙台梭利凭着坚强的意志和不断的努力做到了，获准进入医学院。1896年，26岁的蒙台梭利获得罗马大学医学博士学位，成为意大利第一位女医学博士。也许由于她自己的选择从来都遵从于兴趣，才有她后来的“教育要根据孩子兴趣捕捉孩子的‘敏感期’”的理论。

毕业后的蒙台梭利成为罗马大学附属医院的一名精神科临床医生。由于当时残疾和智障儿童的治疗是在精神病院进行的，蒙台梭利的工作就是治疗这些儿童。蒙台梭利对这些孩子发自内心地同情，认为他们不该被关在这里，他们所受到的粗暴对待是导致他们智力下降的重要原因。她对智障儿童教育产生了浓厚的兴趣，决心去帮助他们。在长期的研究与实践中，蒙台梭利总结出：儿童的智力缺陷主要是教育问题，而不是医学问题。这一认识使她能够从一位成功的医生最终转变成一代伟大的教育家。因为她发现，智障儿童虽然比同龄孩子差，但与更小的孩子在智力和行为能力上有许多共同点，自己为特殊弱势儿童设计的教育方法一定也适用于正常儿童。

1907年，蒙台梭利在罗马圣罗伦斯区建立了第一个“儿童之家”，她特意选址在罗马最贫困的地区，招收3～6岁普通儿童，用自己独创的方法加以教育。结果是惊人的：那些贫寒家庭的儿童，经过她几年的教育，全部成为聪明活泼、举止优雅、自信自强的孩子，心智较之前有了巨大改变。她这套教学方法立刻轰动了意大利甚至欧洲其他国家。到20世纪40年代时，蒙台梭利学校已遍布世界各地，仅美国就有2000多所。

1952年5月6日，82岁的蒙台梭利在荷兰去世。她的传记被列入12位“帮助世界的人们”传记丛书。她曾3次获得诺贝尔和平奖提名。英国教育家称赞她为“20世纪赢得世界公认的推进科学和人类进步的最伟大科学家之一”。美国教育家称赞：“当前讨论学前教育问题，如果没有论及蒙台梭利教育体系，便不能算完全。”德国教育家这样评论她：“在教育史上，能像蒙台梭利教育法如此举世瞩目的并不多见。”虽然经过了近百年，但她的名字和她革命性的教育观却延续下来，并被越来越多的人所接受。

蒙台梭利提出儿童发育“敏感期”的观念，认为无论是行走、语言、绘画，或是音乐、数学，每个孩子都有一个敏感期，孩子在这一时期具有强烈的学习愿望，并且能轻松学会任何他们渴望学习的事情。捕捉到孩子的敏感期，对他们加以引导，就能取得事半功倍的效果。孩子没有到达敏感期，任何逼迫的学习都是徒劳的，而延误了时机，则会对儿童的发展造成障碍。

从出生到3岁，儿童会积极、专注且自发地吸收外界的一切印象。这期间的吸收，完全在一种无意识的状态下。也就是说，他们并不知道自己正在学习，他们吸收了周遭种种的习惯、风俗、生活习态等，并在他们的心中根深蒂固。这种特殊的精神状态，蒙台梭利称为“有吸收力的心灵”。

在3～6岁之间，儿童已发展出有意识的心智，可经由双手从外界环境中汲取经验。这时，儿童的感觉器官会变得十分敏感，透过感官所感觉到的事物，逐渐完成儿童的精神发展。因此，成人应该跟随孩子的兴趣去帮助他们学习，而不是强迫他们学习或是强行灌输知识。

到目前为止，蒙台梭利的著作已被翻译成20多种文字，在中国也有多种对蒙台梭利著作进行翻译、简写或改编的作品，但是按照儿童阶段发展进行编译的比较少，尤其是对学龄前儿童按年龄阶段进行编译的则更少。为了传播蒙台梭利的经典早教理念，我们将蒙台梭利的经典学术名著按照年龄阶段进行全新通俗化编译，策划出版了本套“蒙台梭利早教经典分段育”系列丛书。我们在忠于原著的基础上，对内容、结构进行了梳理，按照不同年龄段进行编译，这样做的目的是：

◎帮助读者根据自身情况更直接地获取相关知识；

◎减少阅读障碍，使读者享受轻松的阅读；

◎基于不同年龄，掌握蒙氏一系列有针对性的教学策略和方法。

本套丛书主要针对儿童早教，包括1~6岁六个年龄阶段，每个阶段的敏感期、学习的重点、教育的核心等皆不相同，据此，书中会给出蒙台梭利所倡导的不同教育策略和智慧。并且，在每本书的最后，我们还附上了根据蒙氏理论与中国儿童实际生活环境编写的早教游戏训练，旨在帮助读者将书中的理论更好地运用在实践当中。

读者既可以按照年龄阶段来进行阅读，也可按照问题进行阅读，这会减轻读者的阅读负担，节省时间和精力。但是，读者在阅读时需要注意，由于个体差异的关系，每个儿童的发展阶段并不能依年龄来强制划分。但前期的发展必为后期发展的基础，发展的过程是无法以跳跃的方式来进行的。这要求我们既需要有针对性的阅读，也需要对孩子和蒙氏教育有整体性的了解。

希望本书的内容可以对读者朋友的生活、学习或工作有所帮助，这将带给原作者及编译者最大的满足。在本书的编译过程中，得到了李好、李值、焦婷、刘斌、杨婷、刘绍勇、刘晨希的帮助，在此一并表示感谢！当然，本书肯定还会存在不少问题，再次恳请读者不吝赐教。

刘　妍

2015年冬

年龄段	心智发展	独特敏感期	语言	活动
0～1岁	● 进入心灵胚胎期 ● 以“星云的方式”学习 ● 感觉中枢和运动中枢协调发展	● 拥有敏锐的观察力 ● 将看到的东西依照顺序储存在大脑里 ● 对简洁、清楚的语言回以微笑——敏感期的表现	● 对母语具有特殊敏感性 ● 会很认真地观察别人嘴形的变化	● 6个月时会坐 ● 9个月时会爬行和打滚 ● 10个月时会站立 ● 最先学会的动作是抓或拿
1～2岁	● 内心具有活动的需求 ● 逐步实现手与脑、手与脚的结合	● 进入秩序敏感期 ● 希望东西都摆放在熟悉的地方 ● 用特定的方法使用物品	● 学习发音和音节 ● 1岁半后逐步进入“词汇爆发期”	● 喜爱模仿 ● 在行走中探索世界 ● 行动的节奏与成人不同
2～3岁	● 学会区别不同事物 ● 学会分类 ● 成为一个积极的观察者 ● 拥有活动的本能	● 双手不停地做事情 ● 开始做智力性的工作 ● 乐于重复练习 ● 做感兴趣的事情不会感到疲倦	● 进入了“思维爆发期” ● 逐步为自己的世界命名	● 进行听觉、触觉、嗅觉、味觉等系列训练 ● 进行记忆、描述、比较等系列练习 ● 喜欢绘画和手工

续表

年龄段	生活	环境	教养建议
0～1岁	●6个月之前完全依赖母乳，无法消化吸收其他食物 ●及时回应哭泣 ●不用襁褓包裹孩子	●刚出生时应继续保持在妈妈肚子里的姿势 ●喜欢看亮光、鲜花和动物	●无微不至的照顾以唤醒孩子的天赋本能 ●顺应孩子的自然成长过程，不要粗暴、盲目地干扰、阻碍其正常发展 ●出门时尽量带上孩子，让他们多观察周围的环境
1～2岁	●想做各种事情（扫地、洗盘子、洗衣服、倒水、洗澡、梳头发、穿衣服等） ●喜爱鲜艳、漂亮的物品 ●关注细节	●布置的环境要符合孩子的身高比例 ●不要固定孩子周围的物品	●尊重孩子的行动节奏，给孩子行动的自由 ●站在孩子身边默默观察 ●不打断孩子的活动，不急于“出手相助” ●尊重独立性，不强迫孩子睡眠
2～3岁	●学习穿衣服和脱衣服 ●学习处理简单的家务	●合理安排孩子的膳食，饮食要严格定时 ●教具摆放有序 ●淘汰掉不需要的用品	●学会静观其变，耐心地等待孩子的进步 ●从小建立自尊感 ●给孩子自由选择的权利 ●了解孩子内心真实的需要和倾向

目 录

MONTESSORI BRINGING UP

YOUR 3 YEARS OLD

CHILD

第 1 章

3岁决定孩子一生

MONTESSORI BRINGING UP

YOUR 3 YEARS OLD

CHILD

> 0～3岁的儿童是完全依赖成人的。他们没有保护自己的能力，除非成人充分地认识到这个自然规律，并且按照规律行事，不然他们就可能会成为儿童发展的巨大障碍。

·1·

3岁是儿童重要的分界线

有意识的创造者

儿童的心灵胚胎期一直持续到3岁。在这个极具创造性的发展阶段中，儿童会发生很多重要的变化。不过，当这一阶段结束之后，这一切好像就烟消云散了。就如同大自然画出了一条分界线，在线的一边发生的事情，我们都已经不记得了，而在另一边发生的事情，我们开始对它们形成记忆。我们把那段遗忘的时期叫作“心灵胚胎”阶段[1]。

在心灵胚胎阶段，儿童各种不同的能力进行着独立的发展，比如语言、手的运动、腿的运动等。一些感觉能力也渐渐形成，儿童的各种心理控制能力也开始独立发展了。

人在这一时期还没有形成稳定的人格。只有等到各种器官发育完成之后，稳定的人格才会呈现出来，人也才会开始有记忆。

到了3岁，儿童的生命仿佛又获得了重生，因为意识在他们的头脑中出现了，而且开始发挥作用。无意识和有意识两个阶段之间仿佛有一条清晰的界线。无意识阶段不会有记忆的存在，记忆在人们的遗忘中成为过去。

3岁之前是儿童形成各种能力的阶段，3岁之后是儿童发展这些能力的阶段。一条界线把前后两个阶段截然分开。我们发现人们如同跨越了古希腊神话中的遗忘河一样，很难记得3岁之前发生的事情，对2岁之前发生的事情就更没有印象了。

于是，3岁之前的儿童——这个无意识的创造者几乎彻底被人类从记忆中抹去了。3岁之后的儿童，好像是出现在我们面前的另一个孩子。成人跟儿童之间天然的纽带被割断了。成人不记

1　与此相对应的，就是“生理胚胎”阶段，即胚胎期。

得自己3岁之前的生活，所以他们可能会对3岁之前的儿童做出极具破坏性的行为。

我们一定要记住：0～3岁的儿童是完全依赖成人的。他们没有保护自己的能力，除非成人充分地认识到这个自然规律，并且按照规律行事，不然他们就可能成为儿童发展的巨大障碍。

到这个阶段结束的时候，儿童就获得了自我保护的能力。这时候如果他们觉得自己受到了成人的管理和控制，就会用语言来表达抗议，或者进行一些恶作剧。儿童这样做，并不是为了保护自己，而是要了解自己身边的环境，找到能够促进自身发展的方法。

3～6岁是“玩的年龄”

在3～6岁这个阶段，儿童要发展的是什么呢？

其实，就是儿童在心灵胚胎阶段创造性地获得的各种能力。可以说，在3～6岁这一阶段，儿童已经可以有意识地去研究自己所处的环境了。一个真正的创造、建设的时期开始了。现在，儿童在前一阶段获得的潜在能力都开始慢慢地展现，这离不开儿童有意识的活动经验所产生的作用。这种经验不只是玩或者一些偶然的行为表现，它们都是为成长提供服务的。同时，儿童的双手开始在智慧的指导下，进行人类特有的活动。

0～3岁	3～6岁
被动地观察这个世界，不惹人注意地为自己的心理打下基础	开始有效地发挥个人的意愿，能够自主决定自己的活动
活动受到内在的一些非人为力量的控制，无意识状态下对周围的环境进行吸收和学习	开始使用自己的双手去改造这个世界

现在，儿童的发展开始进入另一种类型，也就是去完善他们之前获得的东西。其中的语言发展是一个十分典型的例子。语言的自然发展从第一个阶段开始会一直持续下去，直到5岁左右。在这一阶段，儿童要对它进行完善。

特点1：儿童已经不只会说单词，而且还会说出一些符合语法的句子。

特点2：儿童在这一时期还对语言具有一种特殊的感受能力，也就是我们所说的对语言的敏感性。

特点3：这种感受能力会加强儿童对声音的准确记忆，丰富他们的词汇，提高他们的语言表达能力。

所以，儿童这时候有两方面倾向：

- 在与环境的互动中，加强自身对行为的意识；
- 对自己已经形成的各种能力进行完善。

可以说，3～6岁这一时期就是儿童通过行为对自己进行“建设性完善”的时期。

3～6岁这个阶段的孩子，总是表现出非常忙碌的样子，不停地用手做这做那，而且感到非常快乐。

	过去（0～3岁）	现在（3～6岁）	新趋势
大脑	发挥感受能力的作用，对身边的事物进行感知	亲自参与到其中，不知厌倦地从周围的环境中吸收学习的能力	因为有了主动经验的帮助，能力变得更加丰富
双手	在成人的引导下，对周围世界中的一切进行观察和学习，从中吸收和获取知识	亲手去感触各种事物，区分各种不同的东西；总是表现出非常忙碌的样子，不停地用手做这做那，而且感到非常快乐	双手成了执行大脑命令的器官
智力	形成阶段	发展阶段	热切地渴望自己能够在有目的的行动中探索世界

这一年龄阶段经常被叫作“玩的年龄”。

随着文明的飞速发展，成人常常希望用大量的玩具去满足儿童的需要。然而，儿童真正需求的，却并不是这些玩具。到了这个年龄段，儿童应该去接触各种各样的真实事物。可实际上，他们几乎无法触摸到那些实实在在的东西。因为成人会禁止儿童去触摸他们所能看见的许多东西。

目前存在一种普遍的情况：沙子成为成人唯一允许儿童用小手自由接触和感受的真实事物。当然，有些时候，水也是被允许的，但不能超过一定的限度。因为儿童不论是在玩水时将自己弄得全身湿漉漉的，还是在玩沙子和水的混合物时让自己弄得一团糟，都是令成人非常烦恼的。

不过，在一些玩具产业不太发达的国家，那里的儿童却有着不一样的乐趣。这些孩子对周围的事物同样保持着一定的敏感和兴致，他们唯一的想法是参与到周围环境发生的事情中去，他们做的事情几乎和成人相同。比如，在他们的母亲洗衣服、做面包或烤蛋糕的时候，他们就会参与其中。尽管他们的这些活动也带有一定的模仿性，但是这种模仿具有一定的选择性，是聪明的模仿。通过这些具体的实践，儿童要为自己参与周围世界中的种种活动做好准备。

当然，儿童所做的这一切都是为了满足自己的需要。具体地说，就是满足他们自身发展的需要。在我们的学校里，我们为儿童准备了各种各样能够模拟环境中那些真实事物的东西。它们都是为了儿童特别制作的，尺寸、重量都非常适合儿童使用。学校的房间也是专门为儿童设计的，他们能够在里面自由自在地玩耍，自由自在地成长。

现在来看，上述这些观点很明显都是正确的。可是，在我第一次提出它们的时候，却引来了人们的惊讶和质疑。我和我的助手为3～6岁的儿童特别布置了一个房间，让儿童能像在自己家里一样尽情地玩耍，而这种行为也被身边的人认为是无法理解的。还有那些小桌子、小椅子、小盘子和小碗，都是特别提供给儿童的。孩子们能够自己清洗碗碟，自己摆放桌子，自己打扫卫生，自己穿衣服。当时，这种教育改革在人们的眼中简直不可理喻。

被遗忘的儿童

能投入到社会生活中去，这对于儿童来说无疑是十分新鲜的。在儿童心里，这些与现实生活中的真实事物相似的各种物品比玩具更有意思。

美国著名教育学家约翰·杜威[1]教授曾讲到一次经历：

1　约翰·杜威（1859—1952），美国哲学家、教育家、实用主义集大成者。

杜威觉得，在美国的中心城市纽约，应该能找到一些为儿童特别制作的小物件。所以，他在纽约的各个商店进行了一次私人调查，想找一些类似于小扫帚、小凳子、小盘子的东西。遗憾的是，他什么也没找到。人们完全没有想过要制作这样的物品。这位教授为此十分惊异，他说："孩子们已经被遗忘了！"

然而，儿童被遗忘的情形不只体现在这里，还体现在他们生活的世界具备了满足其他人需要的事物，却没有满足他们需求的东西。对于儿童来说，这是一个空荡荡的世界，他们只能漫无目的地游走，时而进行一些恶作剧，比如弄坏自己的玩具。他们这样做只是为了获得精神上的满足。而成人根本没有注意到儿童的真正需要。

在我们的学校，我们打破了这种局限，揭开了遮蔽事实真相的面纱。我们给予儿童的，是他们真正需要、真正适合他们的东西，我们希望能通过这些东西给孩子们带来快乐。事实上，我们的收获要比原本期望的大得多。我们看到，儿童的整体性格都改变了，最明显的表现就是他们具有了独立自主的倾向。他们似乎在说："我要自己来做事情，我不要你们的帮忙。"

一时间，儿童变为了不依赖帮助、能够自理自立的人。这大大出乎我们的意料。在这里，成人只扮演观察者的角色。可以说，这个小环境让儿童取得了极大的收获，他们将逐渐适应社会的生活，同时一步步地形成自己的人格。

这样做的结果，不只是给儿童带来了快乐，还为他们推开了成长的大门。快乐不是教育的唯一目标，一个人应该通过教育获得能力和性格上的独立。只有这样，他们才能掌控自己的命运。这也正是儿童在童年时代的发展所带给我们的启示。

根据头脑中已经建立的牢固秩序，对外界环境中的事物进行区分、归类和编排，这是智力的表现，同时也是对精神的一种陶冶。

·2·

3岁孩子智力发展过程

3岁孩子的杂乱思维

我们不妨想象一下，一个3岁的孩子在面对这个世界的时候，他的真实状态是什么样的？他会因为一下子看到那么多的东西而感到眼花缭乱、疲惫不堪，甚至昏昏欲睡。可问题是，他身边的人却想不到，儿童还有走路这种实际的工作需要去完成；这些人也不会想到，在儿童的器官还没有得到协调发展之前，成人应该经常纠正儿童在感官方面所犯的错误。所以，在无可奈何的情况下，这个孩子因为受到过多刺激物的压迫，只好采用哭闹或入睡的方法来应对。

3岁孩子的思维是极其混乱的。他就像一个收藏了大量书籍的人，横七竖八地把这些书堆在一起，并感到非常困惑："这么多书，我该怎么办？"他什么时候才能把这些书摆放整齐，然后自豪地说"我拥有一座图书馆"呢？

一个人的意识中可能包含非常丰富多样的内容，可是，如果一个人的思维是混乱的，他的智力活动就会陷入停滞的状态。智力的闪现就如同点亮一盏明灯："让世界充满光明吧！"它会让你在这个世界中辨别是非，所以我们能够大胆地说："促进一个人发展智力就是帮助他将意识中的种种事物进行井然有序的分类。"

智力的重要特征之一就是"能对不同的事物进行区分"。从工作的角度来讲，区分就是对身边的事情进行安排；从生活的角度来看，区分就是为"创造"做好准备，而创造需要有秩序地进行。《创世记》为此提供了一定的依据。上帝是不会在没有准备的情况下开始进行创造的，而他所进行的准备工作就是在混乱之中建立起秩序。"上帝分开了光明和黑暗，然后说，让江水汇聚在一起，让陆地出现。"

我们通过所谓的“感觉训练”，可以让孩子学会区别和分类。实际上，我们对感官材料的分析和描述表明了事物的大小、形状、颜色、重量、温度、味道等方面的性质。尽管这些相互分离的性质是由物质代表和呈现出来的，但对于我们的区分行为来说，重要的不在于物质本身是什么，而在于物质的性质是什么。我们能找到一系列同等数量的对应“物”，来描述长与短、厚与薄、大与小、热与冷、重与轻、粗糙与光滑以及红、黄、绿等特性。

分类是智力发展的基础

分类的工作对于秩序的建立具有非常重要的意义。事实上，事物的特性既存在质的不同，又有量的差异。这些事物可能高一些或低一些，厚一些或薄一些，形状可能在不同程度上有近似的地方，粗糙或光滑也不是完全绝对的。

供儿童进行感觉训练的材料，应足以达到区分事物的目的。

- 应该让孩子在大量的比较和分析练习中确定两个刺激物的特征。

●当儿童的注意力被引向一系列外部事物——光明与黑暗、长和短时，他们就能感知到其中的差异了。

●儿童会开始对不同特征的差异程度进行区分，按照一定的顺序排列一系列相关的物质。

目前，除了根据事物的特征对它们进行区分以外，我们还没有其他切实可行的办法。所以，这种分类工作就必然同每件事的基本安排顺序有一定的关系。于是，世界对孩子来说，不再是一团混乱了。他们的思维会变得有点儿像图书馆或藏品丰富的博物馆里那些井井有条的架子，东西都各归其类、各就各位。他们学到的知识不再只是被简单地“储藏起来”，而是被适当地进行“分类”。其中的基本顺序绝对不会被打乱，只是用不断增加新的材料来对它进行充实和丰富。

秩序是系统认识世界的抓手

孩子在获得区分事物的能力之后，就奠定了智力发展的基础。从这时候起，儿童开始“认识”周围的事物。当他们激动地发现天空是蓝色的、手是光滑的、窗户是长方形的时候，他们其实并没有发现天空，也没有发现手，更没有发现窗户，他们只是发现了这些东西在大脑中的顺序和位置而已。这就决定了儿童内心个性的稳定与平衡。

这种稳定与平衡就像协调身体功能的肌肉，能促使身体保持平衡，获得进行各种运动的稳定状态和安全状态，能够带来镇定和力量，也为新的尝试提供了可能性。

一个安排得井井有条的博物馆，会为参观者带来很多方便，让他们用更少的时间和精力获得更多的资料。可见，秩序能帮助我们节约时间和精力。拥有了秩序，孩子就可以在更短的时间内对来源于周围事物的刺激作出反应，可以完成更多的工作，而且并不感到疲惫。

根据头脑中已经建立的牢固秩序，对外界环境中的事物进行区分、归类和编排，这是智力的表现，同时也是对精神的一种陶冶。如果一个具有一定教育基础的人，能够通过作品的文风辨别出作者，或者可以辨认出某一时期文学作品的共同特征，我们就可以断定这个人精通文学。同样的，如果一个人通过某个画家使用颜料的方式判断出作品的创作者，或者根据浮雕的局部判断出雕刻家所处的年代，我们就可以说这个人精通艺术。科学家也属于这种类型，他们能够观察事物，然后详尽、恰当地评定这些事物的价值。这样，事物特征之间的不同就得到了清楚的感知和归类。比如，科学家通过井然有序的思维来区分事物。秧苗、微生物、动物或动物残骸对他们来说都不是什么谜，尽管这些东西本身对他们来说可能也是陌生的。化学家、物理学家、地质学家和考古学家也是这样的。

文人、科学家和鉴赏家并不是只靠积累相关事物的直接知识而培养出来的。他们之所以成为专家，是因为他们在头脑中建立起一定的知识体系。相反的，没有受过教育而对事物只有直接经验的人，可能只能成为一个秉烛夜读的太太，或是一个一辈子在花园里进行区分植物的实际工作的园丁。因为缺乏一定的教育，这些人的经验不仅混乱无序，而且还局限在他们直接接触的事物之中。而科学家却能够对事物的特性进行分门别类，可以识别所有这些事物，并且能随时随地确定事物的类别、它们相互之间的关系和各自的起源，所以他们就能发现比事物更加深刻的事实。

现在，我们的孩子正在像艺术鉴赏家和科学家那样，根据特征对外界事物进行辨别和归类。他们对一切都具有敏感性，所有的东西对他们来说都具有价值。相反的，无知的人即使从艺术品旁边经过，或者听到古典音乐，也不会懂得去欣赏。同样，没有受过训练的孩子对一切都无动于衷。

老师应该学会逐渐放手，保姆应该给孩子准备好材料，然后让他们自己去动手。我们的工作是要向老师证明，我们没有必要干涉孩子，即使他们做错了，也没关系。

·3·

孩子智力发展的特征

儿童是一个积极的观察者

机械心理学认为，儿童的智力发展是慢慢从外部发展起来的。人们对外部事物的印象，不是自愿接受的。外部事物的印象就像一个莽撞的大汉，强硬地敲开我们的“感官大门”，硬闯进来，然后在我们心里安家，与我们的心灵逐渐互相接纳、彼此融合，从而形成智力。“在智力的发展中，每一点儿进步无不是源于感觉”这一观点得到了广泛的认同。持这种观点的人认为，儿童的心理是被动的，受环境的影响和摆布。由此可以推论出儿童是受成人控制的，或者可以说，儿童的心理不仅是被动的，而且就像一只空瓶等待着被填满。这种观点是“灌输”教育的根源。

但是，我们需要看到，外在、强烈的刺激的确会引起儿童的注意，但这仅仅是一种无关紧要的现象，它与儿童内心的发展并没有必然的联系。儿童的内心才是决定智力发展的真正动力。我们要尊重儿童的感知觉，儿童具有一种内在的敏感性。儿童的敏感期从出生一直持续到5岁。这段时期他们能以令人震惊的方式从环境中获得感觉印象。作为一个积极的观察者，儿童通过感官努力去感知外部世界，但是这种感知并不像镜子那样没有选择地去接收外界的事物。儿童这个真正的观察者，根据一种内在的动力，以某种特殊的兴趣，来选择他们注意的对象。

孩子内心有一个“老师”

3岁的孩子内心有一个“老师”，一直准确地引导着他们。当我们说孩子是自由的，意思就是说他们的内心是被强有力的自然所引导的。这样的孩子会把工作做得很彻底。比如，我们本来只期待他们擦桌面，可他们连桌脚、桌边、底面、缝隙都擦到了。如果老师给他们自由的空间，不去干涉他们，他们就会专心地投入工作。大部分老师常常忍不住不停地打岔、指导孩子，所以习惯受内在自然引导的孩子是无法跟喜欢指导别人的老师相处好的。比如，老师可能觉得应该由易到难、循序渐进地引导孩子，可孩子也许喜欢先复杂后简单，甚至有时跳跃式地做一件事。

很多年前，我在罗马很幸运地看到了一件事。当时，我们拥有3个有利于实验观察的环境因素：

- 学校位于极其贫穷而且条件非常艰苦的地区。穷人家的孩子可能在物质资源上比较贫乏，但他们拥有自然环境，他们的内在是富有的。
- 孩子的父母大多是文盲，不会向孩子提供自以为是的帮助。
- 老师都不是专业教师，因此没有传统教育偏见的束缚。

假如在美国进行这个实验，或许就不会成功。因为当地政府可能会找来最好的老师。而“好老师”就意味着学了很多对孩子没有好处的东西，老师脑子里充满了跟孩子的自主相背离的观念。他们只知道把自己的理念强加给孩子，结果只会阻碍孩子的发展。

要想取得实验的成功，最好选择贫穷的孩子作为实验对象，创造他们没有经历过的环境，提供设计科学的教具，来激起孩子的强烈兴趣，唤醒他们的专注力。40年前的这个实验引起了很大的反响，因为人们从来没有看过3岁的孩子有这样的表现。然而，专注只是孩子的一种基本表现，随着实验一项接一项地进行，孩子非常投入地沉浸其中。在过去的环境中，他们无法得到满足，于是注意力常常跳来跳去，不能集中注意力对待任何一件事。但我们已经证明，这种情形不是他们真正的性格表现。

摆脱对儿童的偏见

我们尽可能地帮助老师摆脱各种偏见，这也是我们最大的成就。如果教育还有可以设想的空间，而受过训练的老师又非常少，我们就要谢天谢地了，这是很理想的情形。当然，新老师需要了解一些基本的情况。

在我的第一个实验学校里，我的助理是公寓管理员的女儿，我亲自对她进行了指导，告诉她在给孩子示范教具的特定使用方法和顺序之后就可以走开，让孩子自己去进行

> 下面的操作。我的助理虽然没接受过专业的教育，但她对这一点执行得很好，当她完美地完成工作后，孩子的表现让她感到非常惊讶。她还以为是天使或神灵替孩子完成了那些事情。她有时会欣喜地跑来告诉我："夫人，在昨天下午两点，孩子们开始写字了！"这些孩子写出优美的句子，让人们觉得好像有神力在帮助他们，因为这些孩子之前从来没写过字，也不懂得阅读。

经验让我们懂得，老师应该学会逐渐放手，保姆应该给孩子准备好材料，然后让他们自己去动手。我们的工作是要向老师证明，我们没有必要干涉孩子，即使他们做错了，也没关系。这种方法可以说是一种"非干预教学法"。老师需要做的是，判断孩子可能会有什么需要，然后像仆人般细心地为主人准备好饮料，接着就退下去，让主人随意地品尝。老师也应该学会谦卑地行事，不要把自己的意愿强加给孩子，但同时也要保持警惕，关注孩子的发展情况，为孩子的进一步需要准备教材。

社会地位不高的家长最能热心地配合我们的教育工作。在孩子写出第一个字的时候，不识字的父母会高兴地把他们的孩子举起来。可是，富有家庭的父母常常只表示出淡淡的兴趣，他们可能还会追问孩子学校有没有继续进行美德教育方面的课程，而写出字的成果看起来似乎没那么重要。当孩子想做打扫的工作时，这些父母可能会对他们说："这是佣人应该做的事情，你到学校读书，不是为了学做这些低贱的事情。"还有的母亲会觉得孩子太小，还不太适合学习算术，担心他们把脑子用坏了，就出面进行干预。于是，孩子的情绪变得很复杂，时而有优越感，时而有自卑感，心智无法得到健全发展。

在我们的教育实验里，有些情形会让不了解状况的局外人感觉很糟糕，但实际上这些情况却非常有价值，它们不仅对孩子有好处，还会影响家长。在我们最早成立的学校里，孩子在进行了跟家务有关的练习活动后，回去就告诉自己的母亲衣服上不能有污点等卫生事项。很快，他们母亲的衣服开始变得干净整洁。就像我们手里拿着可以施展魔法的魔杖一样，在孩子学会读书写字后，很多父母也开始想学习了，整个社区的气氛、环境都因为孩子而开始有了改变。

成人总是想给三四岁的儿童看些常见的东西，好像他们以前什么也没见过似的。但其实这样做是白费力气。这就像我们以为一个人是聋子而对他大喊大叫，想让他听到我们说话，可是在我们费尽了全力后，却听到他的一句抗议："其实我一点儿也不聋。"

·4·

孩子关注我们毫不在意的事物

孩子有兴趣时不会疲劳

我的实验证明，当孩子具有浓厚的兴趣时，是不会觉得疲倦的。但老师每隔几分钟就让他们换种方式，休息一下，反倒会让他们丧失兴趣，并产生疲倦感。从师范学校毕业的老师，一般都无可救药地固守这些偏见。今天，绝大多数的大学也抱持着这种偏见。他们认为每学习45分钟就应该休息一下，这对孩子实在是极其不利的。

教育学遵循的是人类社会的逻辑，但自然的心灵遵循着不同的逻辑、不同的法则。一直以来，人们把心智活动和身体活动视为两种不相关的活动，认为进行心智活动就应该安安静静地坐在教室里，而进行身体活动就要把心智放到一边。这无异于把孩子切分成两半。一旦孩子开始思考，成人就不允许他们使用双手，而大自然却表明：不使用双手，孩子就不能思考，甚至他们可能还需要像古希腊那些游走四方的哲学家一样，边思考边不停地走动，他们的思考要和动作同时进行。

儿童的特殊兴趣到底是什么

看到这里，有些家长可能会问，儿童的特殊兴趣到底是什么？是什么使他们在外界无数的事物中有所注意和选择？

儿童特殊兴趣的形成，源于其在敏感期中敏感性的指向。这种指向会以一种自然的、极富创造性的形式发展。

敏感性提供给儿童最初的动力和能量，儿童从外界获取的各种印象被整理、排列起来，为敏感性服务。儿童所选择的印象也会帮助敏感性发展、转移。也许我们可以说，儿童对吸纳外界的印象是饥渴甚至有些贪婪的。正如我们所知道的那样，儿童易被光线、色彩和声音等吸引，并且对其表现出特别的喜爱。但要强调的是，这种自发的敏感性，尽管可能才初露萌芽，却是一种内在动力的表现。

很显然，儿童的心理状态需要我们的尊重和帮助。儿童从一无所知开始发展他们的敏感性——人类特有的品质，甚至在他们会使用手脚、会行走之前，他们就已经沿着敏感性指向的道路前行了。

男孩很喜欢明信片。妈妈为他收集了很多色彩鲜艳、图案丰富的明信片。这些明信片上有的印着蜜蜂、狮子、长颈鹿和猴子等动物；有的印着各种鸟类和一些儿童非常感兴趣的家畜，如绵羊、驴、马和母牛等；还有的印有各种风景和景物，如房子、动物和人等。妈妈希望能够借此让男孩学到一些知识。男孩很喜欢这些卡片，并时常拿给我看。

有一天，男孩一边向我挥着一些明信片，一边用稚嫩的声音叫着："叭——叭——"意思就是"汽车"。我意识到他是想给我看汽车的图片。然而，我知道男孩收集的明信片中并没有汽车的图片。我看着男孩手里的明信片，也没有看到汽车，于是我对他说："我没有看到汽车。"他看了看我，然后拿出一张明信片，得意扬扬地说："在这儿！"

在卡片的中间，是一只美丽的猎犬，远处有一个扛着猎枪的猎人，在一个角落里可以看到一间小屋和一条弯弯曲曲的小路，旁边有一个几乎看不见的小黑点儿，男孩用他的手指着黑点儿说："叭——叭——"我看出那确实是一辆汽车。这辆车画得如此之小，以至于很难被注意，然而正因为小，它才引起了男孩的兴趣，并指给我看。

我想，也许男孩的注意力都被这些小东西吸引了，而没有放在学认明信片上那些漂亮和有趣的东西上，于是我挑出一张印有长颈鹿的明信片问他："这有着长长的脖子的是什么呀？"男孩认真地回答："长颈鹿。"我没有勇气继续问下去了。可以说，大自然会引导孩子的智力一步一步地发展。

有一次，我给一个男孩看《圣经·新约》。这本书很美丽，书中配有很多插画，我翻到一幅插画，给男孩讲解："耶稣召唤小孩到他身边去，这个小孩在耶稣的怀里。你看，其他的小孩把头靠着耶稣，所有的小孩都仰视耶稣、爱戴耶稣。"

男孩的脸上没有显示出丝毫的兴趣，他开始扭动起来，完全没有把注意力放在看画上。我开始翻书。突然，男孩说："他在睡觉。"

我对男孩的话感到不解，问他："谁在睡觉？"

男孩认真地回答："耶稣，耶稣在睡觉。"他示意我把书翻回到插画那页。我再看这幅画时才发现，原来耶稣正在俯视着小孩，他的眼睑下垂，就像在睡觉。可见男孩的注意力被吸引到成人根本没去注意的细节上了。

我继续讲解图片，并将书翻到印有拉斐尔名画《基督显圣》一页。我说："看呀，耶稣升天了，人们惊恐万分。你看这个小男孩是怎样转动眼珠的，这个女人怎样伸出手臂……"我意识到我选择了不合适的图画，我的讲解也无法吸引他的注意力。但我感兴趣的是观察孩子和成人对这样一幅复杂的画面的不同反应。男孩只是轻轻地咕哝了一句，似乎在说："嗯，继续往下翻吧！"他的小脸儿没有显示出丝毫的兴趣。我又开始往下翻。这时，我看到他抓起挂在脖子上的一个形状像兔子的饰物，然后叫着："小兔子！"我以为他被那个小饰物吸引住了，但他又示意我往回翻书，我又翻了回来，发现在《基督显圣》这幅画的一侧确实有一只小兔子。

有谁会注意这只小兔子呢？很明显，儿童与成人拥有截然不同的视角，这不仅仅是程度和大小的差距。

孩子关注我们毫不在意的事物

成人总是想给三四岁的儿童看些常见的东西，好像他们以前什么也没见过似的。但其实这样做是白费力气。这就像我们以为一个人是聋子而对他大喊大叫，想让他听到我们说话，可是在我们费尽了全力后，却听到他的一句抗议：“其实我一点儿也不聋。”

成人总以为儿童只对华丽的物品、鲜艳的色彩和刺激的声音敏感，于是就用这些来吸引儿童的注意力。儿童确实会被美妙的歌曲和钟声、风中飘舞的彩旗、明亮耀眼的光线所吸引，但这些强烈刺激对儿童的吸引力只是外在的、转瞬即逝的，它只会分散儿童的注意力，而没有其他任何作用。

也许我们可以将这种现象在自己身上做一个实验：当我们正忙着看一本有趣的书时，突然窗外鼓乐齐鸣，一支乐队在沿街演奏，我们就会放下书走到窗前看看发生了什么事情。当我们看到某个人这样做时，我们其实无法推断这个人是不是特别容易被响亮的声音所吸引。然而，我们却这样对儿童下了结论。事实上，一种强烈、外在的刺激会引起儿童的注意，但这其实仅仅是一种无关紧要的现象，它与儿童内心的发展并没有必然的联系。而儿童的内心才是决定其发展的真正动力。

儿童全神贯注地注意着那些我们毫不在意的事物。我们可以从其中发现儿童拥有独特的内心世界。但是，一个人如果被一件小东西所吸引并全神贯注地关注它，并不是因为这个小东西给他留下了深刻的印象，而仅仅是因为他对小东西流露出一种富有感情的理解。

本章小结

蒙氏养育观点

到了3岁，儿童的生命仿佛又获得了重生，因为意识在他们的头脑中出现了，而且开始发挥作用。3岁之前是儿童形成各种能力的阶段，3岁之后是儿童发展这些能力的阶段。

儿童获得了区分事物的能力，奠定了智力发展的基础，他们开始“认识”周围的事物。世界对他们来说，不再是一团混乱了。他们的思维变得有点儿像图书馆或收藏丰富的博物馆里那些井井有条的架子，东西都各归其类、各就各位。

儿童内心有一个“老师”，一直准确地引导着他们。他们已经可以有意识地去研究自己所处的环境了。儿童总是表现出非常忙碌的样子，不停地用手做这做那，而且感到非常快乐。如果给他们自由的空间，不去干涉他们，他们就会专心地投入工作。

儿童全神贯注地注意着那些我们毫不在意的事物。我们可以从其中发现儿童拥有独特的内心世界。但是，一个人如果被一件小东西所吸引并全神贯注地关注它，并不是因为这个小东西给他留下了深刻的印象，而仅仅是因为他对小东西流露出一种富有感情的理解。

□ 在儿童心里，与现实生活中的真实事物相似的各种物品比玩具更有意思。

□ 分类的工作对于秩序的建立具有非常重要的意义。供儿童进行感觉练习的材料应足以达到区分事物的目的。

□ 作为一个积极的观察者，儿童通过感官努力去感知外部世界。

□ 当孩子具有浓厚的兴趣时，是不会觉得疲倦的。

□ 敏感性提供给儿童最初的动力和能量，儿童从外界获取的各种印象被整理、排列起来，为敏感性服务。儿童所选择的印象也会帮助敏感性发展、转移。

第2章

幸福的游戏年代

MONTESSORI BRINGING UP
YOUR 3 YEARS OLD
CHILD

造物主好像在儿童3岁的时候画了一条界线，将3岁以下和3岁以上分开了。前一个阶段虽然充满了重要事件，并具有一定的创造性，但它就像出生前的胚胎时期一样，成了被遗忘的时期，因为儿童3岁才开始形成意识和记忆。

·1·

儿童3岁才开始形成意识和记忆

开始用双手探索世界

在心灵胚胎（0～3岁）时期，有些发展是各自分开、独立进行的，比如语言的发展、四肢的运动和协调，还有一些感觉的发展。就像在出生前，胎儿的身体器官一个接一个地出现，但是他们自己却完全不记得。这是因为儿童在3岁以前，人格还没有形成，只有当他们完成了各部分的构建，才可能形成一种统一。儿童这个潜意识与无意识的产物，仿佛被人们从记忆中抹去了。当儿童满3岁来到我们面前时，我们会感到如此不可思议。

孩子与我们之间的沟通似乎被造物主夺走了，除非我们了解他们早期的生命状况，或者知道他们的本性，否则我们很可能会不自觉地去毁坏他们已经构建好的东西。人们在创造文明时已经背离了生命的自然之路，受文明洗礼的人类只重视物质的保护，却不知道呵护自己的心灵，结果留给孩子的是禁锢和充满了障碍的环境。

成人完全监管着孩子的成长。除非他们拥有来自造物主或科学发现的启示，否则这些成人就会给孩子的成长带来极大的阻碍。3岁的孩子必须在生活环境中进行活动，把自己3年来所创造的能力运用出来，才能获得持续发展。他们已经不记得那几年发生的事情，但他们的能力进入到意识的层面，需要通过各种活动得以展现。儿童可以在智慧之手的导引下，在玩耍中执行心灵的意志。

孩子在3岁之前是用心灵探索世界，而3岁之后是用双手探索世界。他们要继续完善以前获得的各种能力，比如语言等。他们虽然已经获得了一定的完备发展，但一直到4岁半，他们都还要继续充实相关的内容。他们的心智仍然具有精神胚胎时期的吸收能力，而且不知疲倦。现在，双手又成了他们理解事物的直接器官。这时，他们的发展主要依靠双手的工作，而不是靠两只脚到处行走。这个年龄段的孩子能持续玩耍很长时间。如果让他们双手持续不停地忙碌，他们反而像水中的鱼儿一样快乐。成人把这个时期叫作“幸福的游戏年代”。

市场上也有很多为满足孩子游戏活动的需求而设计的玩具，结果孩子的生活环境中到处都塞满了没有价值的玩具，它们并不是有助于心智发展的工具。孩子想去触摸每一件东西，可成人只给他们其中的一部分，比如沙子和水等，而不提供其他东西。当他们玩腻了沙子，成人就给他们玩过家家的玩具，如小厨房、小屋子、小钢琴等，但这些都不是真正能使用的东西。成人看出孩子想学着像大人一样做家务事，可是给他们的东西又不是真的。这真是太可笑了！

孩子没有人陪，父母会扔给他们一个假人——洋娃娃。不过，洋娃娃或许比很难陪伴他们的爸爸妈妈还要现实一些。可洋娃娃不能说话，也不会回应孩子对它的爱，只能勉强地被孩子当作接触社会的代替品。玩具显得越来越重要，因为人们觉得它对儿童的智力发展有帮助。有玩具当然比没有东西玩要好，可问题是孩子很快就会对一种玩具感到厌倦，然后再要求得到新的玩具。有时候，孩子会故意把玩具弄坏，人们认为这是因为他们喜欢把东西拆成碎片，或者是因为他们有破坏的欲望。其实这都是人为造成的性格，因为孩子没有合适的东西可以使用。孩子是不会太喜欢这些玩具的，因为它们不是真的。孩子会因此变得无精打采，不能专心，心理还会慢慢地偏离正轨，甚至出现人格的扭曲、偏差。其实，这个时期的孩子很想认真地在各方面模仿成人，让自己更加完美，只是他们的努力总是受到成人的否定，他们就在无奈中走向了歧途。

社会的文明程度越高，孩子就越可悲。生活在简单社会的孩子是比较平和、快乐的。他们能够自由地使用周围的东西，不用担心会把它们弄坏，因为那些东西都不昂贵。他们的妈妈洗衣或者烤面包的时候，这些孩子也可以在旁边参与，如果找到了适合自己的事，他们就能为自己的生活做好准备。

孩子需要为自己工作

3岁的孩子需要为自己工作，这是一个毋庸置疑的事实。如果给他们一些根据他们的身材比例制作的东西，允许他们学着像成人那样去操作，他们的性格就会变得平和、满足。他们不关心生活环境里那些不常见的东西，因为他们的活动就是要让自己去适应所处的世界，遵循造物者的旨意——“享受完成一件事的快乐”。

所以，新的教育方式是为孩子提供符合他们力量、尺寸的东西，来引起他们活动的兴趣。就像成人在家或在田地里工作一样，孩子也需要有属于自己的家和田园。不能只给孩子过家家的模型，应该给他们一个真正的家；不用给他们玩具，要给他们能够使用的小型工具耕作园地；不需要给他们洋娃娃，要给他们一群小伙伴，让他们去感受社会生活。我们要用这些来取代以前的玩具。

当我们除去这些障碍，把虚假的玩具抛到一边，给孩子真实的东西时，他们的反应可能会出乎我们的意料。孩子会有一种不同的人格表现，他们会坚持独立地工作，拒绝成人的帮助。他们明确地表示要自己做事，让很多母亲、保姆、老师都感到吃惊。现在，孩子成为了环境的主人，成人只能在孩子旁边进行观察。

儿童是需要运动的，这已经成为人们广泛接受的健康原则。所以，当我们说起“自由儿童”的时候，一般是指他们可以自由地运动，包括可以自由地跑跳。在不断地努力下，到目前，几乎所有的母亲都接受了儿科医生提出的建议，就是让孩子们到公园去，在草地上自由地玩耍，在户外自由地活动。

·2·

儿童拥有工作的本能

给孩子行动的自由

说到儿童在学校里的自由时，我们常常认为儿童的自由就是他们可以跳到课桌上做各种危险的动作，或者是疯狂地撞击墙壁，或者是在“宽阔的场所”“自由活动”。由此推论，如果把儿童关在一个狭小的房间里，他们就会不可避免地对自己所面对的障碍采取一些暴力的行为。在这样混乱的环境中，他们是无法有秩序地工作的。

在心理卫生学的领域里，“自由运动”并不是局限在非常原始的“身体自由”的状态。当我们探讨怎样对待儿童的自由活动这个问题时，可以用一只幼犬和一只小猫的活动来进行类比：不管是幼犬还是小猫，它们都应该能够自由地跑跳，而且它们也有这样的能力，孩子们常常一起去公园和田野中跑跳的情形也是这样的。

如果我们根据这种自由运动的概念来对待小鸟，我们的许多安排就会对小鸟有益。例如，我们会在鸟笼里合适的位置上安放一两根（交叉）树枝，以方便它自由地进行上下跳跃的活动。当然，对于一只曾经在广阔无边的平原上自由活动的小鸟来说，无论我们进行怎样周密的安排，这都是不幸的。如果为了保证一只小鸟或一只爬行动物的自由运动，为它们提供相应的环境是非常必要的，那么，我们可以由此类推，应该为儿童提供给小猫和小狗的那种自由吗？

据观察，当我们让儿童自己去进行练习时，他们一般都会表现出不耐烦，比较容易吵闹和啼哭，大一些的孩子总是要弄些什么发明。当我们让他们去做一些乏味的、为了步行而步行或为了跑而跑的练习时，他们会觉得无法忍受，甚至感到那是一种屈辱。因此，对儿童听之任之的活动效果一般不太良好，也不利于儿童的发展，唯一的好处就是有助于儿童的消化和生长发育。而更多的是，它会使儿童的行为变得粗鲁，会让他们形成一些不得体的跳跃或蹒跚的步态以及其他的危险行为。

换句话说，儿童不会像自由的小猫那样在运动的过程中表现得优雅迷人，也不会像小猫那样通过自然而轻松的跑跳完善自己的动作。儿童的运动本能中并没有任何优雅的气质，也没有丝毫完善自身动作的自然冲动。由此，我们推断，能让小猫获得满足的那些活动，并不能让儿童感到满足。因为儿童的本性跟猫是不同的，所以他们自由活动的方式也必定会与小猫不同。

引导孩子做有智力性的工作

如果儿童进行的运动中没有什么智力的内涵，也没有人对他们的运动进行适当的指导，那么，儿童在运动中就会感到厌倦。这是可以理解的。我们知道，人类曾发明过一种惩罚奴隶的残酷刑法，就是强迫他们先在地上挖出深坑，然后再把深坑填平。当我们被强迫去做一些“没有目的的动作”时，这其实就是一种惩罚。

科学家对疲劳进行了实验，结果表明，当人们所从事的工作带上了智力性的目的，与等量无目的性的工作相比，就不易使人陷入疲劳的状态。于是，有的精神病医生就向病人提出建议，可以通过“户外工作”来治疗神经衰弱症，而不是进行“户外锻炼”。

弄清它们二者之间的差别是非常重要的。没有什么目的的工作只是一种持续性的活动，比如清除灰尘、清洗桌子、扫地、布置或清理桌子、刷鞋、铺地毯等。这些都仅仅是为了保护人们拥有的物品而进行的工作，这与技工所进行的工作完全不同，技工是进行智力上的努力而生产产品。可以说，前者仅仅是一种简单的劳动，不需要投入很多智力因素，而只需要完成一些简单的动作；后者却是一种生产性的工作，需要人们进行一些最基本的智力准备，需要人们协调处理一系列同感觉练习有关的复杂肌肉运动。这种简单的生产性工作非常适合儿童，通过这些，他们可以“进行”自我训练，进而学着协调自己的动作。

混时间的玩具

在我们的第一所学校里，尽管孩子们都能玩到十分精美的玩具，却没有人愿意去玩儿，这使我感到万分惊讶。我决心帮助他们学会玩这些玩具，我向他们演示如何拿小碟子，如何在玩具厨房里点火，还把一个美丽的玩具娃娃放在厨房里。孩子们的兴趣只维持了一会儿，然后就各自走开了。

看到孩子们从来没有主动选择过这些玩具，我认识到，在儿童的生活中，游戏可能只占了很小的分量，他们是由于没有更好的事情做才去做游戏的。当儿童感到有更重要的事情需要去做时，他们是不会去做那些他们认为很琐碎的活动的。在他们看来，做游戏就像下象棋或打桥牌一样，只是打发闲暇时光的一种消遣而已。如果强迫儿童长时间地做游戏，他们会感到很痛苦。当他们有重要的事情要做时，就会忘掉做游戏。由于儿童总是有重要的事情要做，他们也就不会对游戏产生特别的兴趣了。

儿童不断地从较低的阶段向较高的阶段发展，他们的每一分钟都很宝贵。由于儿童在不断地成长，他们只会对有益于他们发展的活动着迷，而对悠闲的工作不感兴趣。

孩子只要找到了适合自己的运动方式，就能朝着正确的成长方向发展，就像一个积极工作的人找到了前进的方向就会努力、认真且从容地进行自己的工作，这也是孩子在这个阶段进行肌肉锻炼的要求。

·3·

适合孩子发展的日常工作

穿衣服和脱衣服

运动神经的培养必须与孩子生理机能的所有协调运动相符合。孩子天生就闲不住，爱到处动、到处玩，他们的运动方式根本无章可循。如果没有对孩子的运动进行指导，孩子常会表现出调皮捣蛋、任性好动、任意妄为的行为模式。

面对这样的孩子，成人最常做的就是限制孩子的活动，重复着“老实待在那儿”这句毫无作用、没有任何意义的话语。孩子其实正通过各种活动找到能真正对自身发展有益处的运动组织和协调方式。不要再试图让孩子安静地待着，而应该指引孩子去运动。对运动神经的培养也是“儿童之家”特有的且富有成效的训练方法。

孩子在这个阶段需要进行肌肉训练的相关内容有：基本的活动，如走路、坐、站、立、拿取物件等；能照顾自己；处理简单家务；进行园艺劳动和手工劳作；体育锻炼和运动；韵律活动。

孩子能够照顾自己的第一步，就是会自己穿衣服和脱衣服。我有这样一个教具，是钉有各种布料或皮革的四方框，针对孩子们进行训练。在这个四方框的教具上，有扣子、带子、拉链等，包括了人们会接触到的用以系衣服、裤子或鞋子的各种方式（图1）。

刚开始时老师要坐在孩子身边，慢慢地向孩子展示系带子、扣扣子等动作，最好能将动作分解，越细致越好，让孩子能看清楚、看明白。例如，老师可以这样分解动作。首先将四方框上的两块布对齐，如果是扣扣子，就先将扣子捏在手里，再将扣子对准扣眼，接着是将扣子完全放入扣眼，扣进去之后调整一下位置使布块平整。系带子也是一样的，老师将带子系成蝴蝶结的全过程像慢动作那样展示给孩子看。

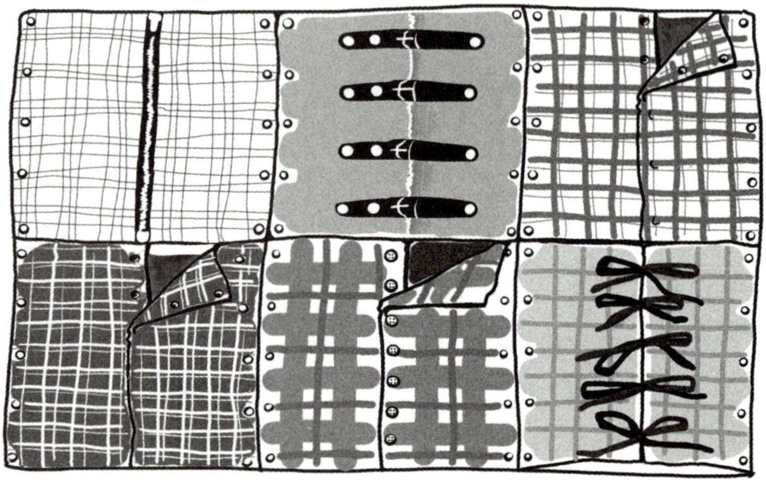

图1 用于练习系带和系扣的四方框

在我们拍摄的影片中，有一段就是老师在教孩子用带子系蝴蝶结的过程。并不是所有孩子都需要老师一一教导，孩子之间是可以相互学习的，他们会很有耐心地分析每一个动作，并将动作慢慢地、细致地做好。孩子可以舒服地坐着，将四方框放在桌子上进行训练。孩子一旦对这个练习感兴趣，就会反复在四方框上进行系扣训练。渐渐地，孩子的双手会变得十分灵巧，有的孩子只要一有机会就想给真正的衣服扣扣子，给鞋子系带子。四方框的训练激起了孩子穿衣的兴趣，我们常常可以看到，就连最小的孩子都想要自己穿、脱衣服，还想帮小伙伴穿衣服。

处理简单家务

教孩子洗东西、摆桌子等简单家务或重复性的活动时，可以采用这样的方法。一开始，先由老师带领孩子们一起进行，用正确的动作和方法教孩子们如何去做，老师可以边示范边讲解，也可以不说话只做动作示范。老师要教孩子所有动作：

- 如何站立
- 如何坐下
- 如何拿取物品
- 如何礼貌地将物品递给他人
- 如何能不发出一点儿声音就将碟子摆放好等

孩子很轻松就能学会，并很乐意去做这些事情。可以安排孩子轮流去做洗碗、上菜、打扫等家务劳动。用不着要求孩子，孩子会很愿意这样的轮流制度，并自觉地承担需要完成的工作，哪怕只有两岁半的孩子也不例外。我们经常可以看到孩子在工作时会努力回忆、模仿老师的动作，克服困难完成工作的动人场景。纽约的雅各比教授曾跟我讲过这样一件事：

有一位2岁大的、看起来并不是特别聪明的孩子坐在餐桌前，因不知道到底是右手拿叉还是左手拿叉而为难不已。孩子就这样坐着想了很长时间，看得出他在动用自己的全部脑细胞来思考这件事。一些大孩子用钦佩的眼光看着他在那儿思考。雅各比教授被深深感动了，就像我们一样，被眼前看到的这幕逐渐展开的生命成长过程所折服、所惊叹。

孩子的发展与成长只能由孩子自己完成，老师的授课只是一种帮助、一种提示，是给孩子的成长道路开启一个良好的开端。在“儿童之家”，孩子们互相学习、互相帮助，乐观、喜悦、热情地面对日常工作。这样的氛围培养了孩子们的同情心和助人为乐的生活态度，更神奇的是，大一些的孩子在看到小同伴成长时心中充满了理解和关爱。孩子生活在这样的环境中，感觉就像在家里，能做到这点非常重要。在我们拍摄的影片中，可以看到孩子在“儿童之家”不停地走动，都在进行自己的工作，老师就坐在一边，只是关注而不去打扰孩子。影片还有一些片段是孩子在整理“儿童之家”的场景，这也是孩子照顾他人和环境的具体行为。可以看到孩子们在擦洗家具、给地毯除尘、擦拭计步器等。在摆放餐具时，我们看到孩子们各司其职，独立将各自的端盘子、放刀叉、摆勺子等工作做好，然后在餐桌就座，接着一些孩子将菜端了上来。

体育锻炼——踩线练习

体育锻炼也是重要的一环，其中“踩线”这个项目就很适合这个阶段的孩子来进行。老师用粉笔或者涂料在一大片空地上画出一条线或者一个大圆，孩子需要前脚接后脚地沿着线行走。在踩线时为了保持身体的平衡，孩子就像在走钢丝那样尽力稳住自己的重心，区别只在于走钢丝会有危险而踩线却不用考虑安全问题，因为“钢丝”是画在地上的。

- 一开始老师先向孩子展示踩线这项动作，老师在前面走，孩子就跟在后面模仿，而不用语言进行解释。当孩子已经掌握如何踩线时，老师就可以离开，让孩子自己练习。
- 老师离开后，孩子会继续走下去，非常认真地去练习，模仿老师刚才示范的动作。为了不让自己从“钢丝”上“掉”下来，孩子尽力保持着身体平衡。
- 其他的孩子看到后，会慢慢聚过来都想尝试。过不了多久，线上就会站满了摇摆不停、寻找身体平衡的孩子，他们脸上是专注的表情，注视着自己的脚和脚下的线，一步一步沿线一直走着。
- 孩子在做这项踩线练习时，老师可以播放一些音乐，例如一首非常简单明快的进行曲。音乐不仅能给孩子的活动伴奏，还能激发孩子努力向上的意识。

当孩子通过踩线这项活动的练习学会了掌握身体平衡，他们走路的姿势会稳健、标准和优雅。不仅是走路的姿势，身体的整体形态都会得到很好的提升，变得从容和优雅。可以通过各种方法增加踩线练习的难度。例如，可以在演奏钢琴曲时要求孩子根据乐曲的节奏进行踩线，一首曲子可以练习好几天。慢慢地，孩子会找到乐曲的节奏，用手和脚配合音乐节奏进行练习，还会将音乐作为踩线练习的伴奏。

请放手让孩子在内在生命的指引下无拘无束地自由成长吧，我们只需要耐心等待并仔细观察孩子的成长过程就可以了，这是我们能做的所有事情。

我们的孩子通过学习如何绕过而不撞倒各种物体，如何敏捷而不发出声音地跑步，使自己变得灵活了。他们为自己能够完美地完成这些动作而感到高兴。他们饶有兴趣地发现自己的各种潜力，并在不断展现自己生命力的神秘世界中锻炼自己。

·4·

安静练习

安静中蕴含着力量

一天，我正准备走进一所“儿童之家”，在院子里遇到一位母亲。这位母亲正抱着自己4个月大的婴儿。小婴儿被包裹着，这是罗马人的习惯，称为“布帕”。这位安静的小婴儿非常安静平和，好像周围的一切都与他无关，当然也包括声音。我抱起他，他一点儿也不闹。于是我就抱着婴儿走向教室，许多孩子看到我来了，纷纷跑出教室来迎接我。他们围住我，用手抱我，抓我的裙子，他们的动作几乎要使我摔倒。我冲他们微微一笑，给他们看怀抱中的“布帕”。孩子们一下子全明白了，就不再碰我，只是站在我身边，眼里充满了欢乐。

我在孩子们的簇拥下走进教室。我们都坐下了，不同的是，这次我没有坐在他们准备的小椅子上，而是坐在了一把相对大的椅子上。这时，孩子们没有一个人说话，他们用欢乐而温柔的目光看着我。于是，我对他们说：“今天，我给你们带来了一位小老师。”孩子们很惊讶，有的发出笑声，有的满脸疑惑，有的则小声议论。我继续说：“没错，的确是一位小老师，因为你们中间，没有一个人能像他那样安静。”孩子们听到这话，不再说话和发出笑声，都坐好并保持安静。我还说：“你们中间也没有一个人能像他一样，把手和脚都放好。”孩子们听到后，开始注意自己手和脚的位置。我看着他们按照我的话做了，便微微一笑说：“没错，你们不可能像他一样安静，尽管你们已经很努力了，很少会挪动一下，可是这位小老师却能够一动不动。”我的话刚说完，我注意到，孩子们的表情看上去很严肃，看来我怀中的这位小老师发挥了作用。孩子们终于笑了，他们的眼睛好像在说：“这个小婴儿很乖，值得赞赏。”我说：“你们中间没有一个人能像他一样不发出丝毫声音。”孩子们听后，又都保持安静。“这位小老师不是绝对安静的，因为他呼吸时会发出声响，不过这种声响非常细微，你们可以走过来听一下。”

于是，几个孩子站起来，慢慢地走过来，弯下腰倾听小婴儿发出的声音。“你们中间没有人能像他这样安静地呼吸。”孩子们又是满脸的惊奇，他们看着我，他们从来没有想过，即便是轻轻地呼吸也会发出噪声，而一个小婴儿所能达到的安静状态，比大人所能做到的程度更深。我离开椅子，站起来说道：“你们踮起脚尖，不要发出任何声音，轻轻地走出去。”他们在走出去的过程中，我跟在他们后面，“我还是能听见一些声响，但是这个小婴儿却没有任何声音，他一直保持安静状态。”孩子们纷纷笑了，他们明白了我的话。我走到窗边，把这个小婴儿交给那位母亲。

这个小婴儿好像有巨大的吸引力，紧紧吸住孩子们的心灵。的确是这样的，世界上婴儿的安静是最甜蜜的。这个沉睡的小婴儿所达到的安静状态，聚集了新生命的全部力量。与小婴儿相比，我们语言所描述的安静在婴儿面前都失去了力量，比如平和、安静等。通过刚才的实例，孩子们感受到了人类新生命的安静所体现的诗意和美感。

这次体验就是我们“安静练习”的由来。

有一天，我想在安静练习中检验孩子的听力是否灵敏。在孩子们的不远处，我开始低声叫他们的名字。听到自己名字的人要走到我面前，走的时候不能发出任何声响。我认为这种耐心等待的练习对孩子来说是一种磨炼，所以我为他们准备了糖果和巧克力，准备在他们走到我面前时，作为奖励送给他们。但是，他们却拒绝拿糖果。孩子仿佛在用行为对我说："不要破坏这种美好的体验。我们的心处于喜悦之中。不要分散我们的注意力。"

我这才意识到，儿童不仅对安静敏感，而且对叫自己名字的声音也很敏感。即使这些声音在安静的环境中几乎很难被听到，他们也会踮起脚尖，慢慢地向我走来，并且小心翼翼地不碰撞任何东西，以免发出声音。

后来，我又认识到，每一项包含纠错内容的练习，就如同以安静来纠正噪声的练习一样，对儿童来说都是很有帮助的。重复这种练习，能使儿童的行为变得更加完美，而仅仅通过说教是难以做到这一点的。

我们的孩子通过学习如何绕过而不撞倒各种物体，如何敏捷而不发出声音地跑步，使自己变得灵活了。他们为自己能够完美地完成这些动作而感到高兴。他们饶有兴趣地发现自己的各种潜力，并在不断展现自己生命力的神秘世界中锻炼自己。

众所周知，儿童都喜欢吃糖果，所以当儿童拒绝糖果时，我觉得很奇怪。于是，我决定对此展开进一步的试验。我花了很长时间才使自己确信，在儿童拒绝糖果的背后存在着某种内在的原因。

> 我随身带着糖果到学校去，但这些孩子都拒绝接受糖果或把糖果放进衣服的口袋里。因为他们都来自贫穷的家庭，我想他们可能是想把糖果带回家去吃。于是，我对他们说："我刚才给你们发的糖果，你们可以带回家去吃，但剩下的糖果是给你们现在吃的。"他们接受了糖果，却依然放进口袋没有吃。
>
> 后来，当一个男孩生病了，老师去看望他时才发现，孩子将这些糖果珍藏了起来。这个小男孩因为感激老师来看望他，打开了一个小盒子，从里面取出一块他在学校里得到的糖果，要给老师吃。这块诱人的糖果已经存放在这个小盒子里好几个星期了，而孩子一直没有碰它。类似的情况在我们学校的孩子们中时有发生。

这是儿童发自内心的、自然的发展。没有一个人曾教给他们做一个"苦行僧"，放弃糖果，或不切实际地对他们说："儿童不应该玩耍，也不应该吃糖果。"当心灵得到升华时，儿童会自愿拒绝这些没有意义的、外在的乐趣。

安静可以慰藉孩子的心灵

钟表实验是我们在“儿童之家”中所进行的一个十分成功的实验，那是一个非常微弱的声音和悄声说话的实验。实验带有纯粹的经验性质，并不是用来测量感觉的，但是它的意义非常大，可以帮助我们了解孩子听觉的敏感度。

这个实验的进程是这样的。当达到相对安静状态后，要求孩子们注意钟表的嘀嗒声和平时我们的耳朵不注意的噪声。最后，我们让这些孩子一个接一个地小声说出自己的名字。

为了达到这一目的，我开发出几个关于安静的小游戏，这些小游戏能够强化儿童的纪律观念。

> 我让孩子们把注意力集中到我身上，让他们监督我能在多大程度上做到安静。我变换各种不同的姿势，站着、坐下等，在安静的状态下保持这些姿势，一动不动。要想保持绝对安静，并不是一件容易的事情。我叫出一个孩子，让他跟着我做同样的动作。他在调整自己脚的过程中，发出了声音。他把手臂放在椅子背上，这个动作也同样发出了声音。而他的呼吸也并不安静，他所做的一切不像我那样保持着绝对的安静。
>
> 在这个孩子做动作时，我利用静止不动的间隙做了简

短的评论，而其他孩子都在看着、听着。他们中间的许多人都对这个活动产生了浓厚的兴趣，因为这一切他们从来没有经历过。也就是说，我们以前制造了那么多的噪声，而事实上自己却从来没有注意过。当然，安静也存在着等级。当没有任何东西移动时，便是绝对的安静。孩子们看着我站在房间的中间，他们不发出任何声响，我也不发出任何声响，此时我就好像真的不存在一样。接下来，我让孩子们模仿我的动作，此时我特别注意自己的动作，哪怕是一丁点儿轻微的动作，也会发出声音。而孩子们也都关注着自己，保持一种静止不动的状态。

当孩子们努力保持这种状态时，我们就达到了安静状态，这种安静与我们平时所说的安静有很大的区别。

这种安静就像生命渐渐消失一样，整个房间随着安静的延续在一点一点地变空，好像里面没有人一样。接下来，我们就听到钟表发出的嘀嗒声，并且随着安静的程度越来越深，这嘀嗒声也就随之变得越来越强烈。孩子们坐在那里，好像睡着了一样，其实他们在感受迷人的安静。一位老师这样说道："这儿好像没有人，孩子们都出去了。"

达到这种程度后，再慢慢拉上窗帘，轻声告诉孩子们闭上眼睛，趴在胳膊上休息。孩子们按照我说的做了，屋内一片黑暗，这种绝对安静的状态又出现了。

这时我轻轻地说："请大家仔细聆听，有一个非常轻柔的声音在叫你的名字。"说这话时，我已离开孩子们所在的房间，走到隔壁的房间。声音久久徘徊，好像我在遥远的山峰上说话一样。这种声音，要是在平时几乎听不到，而此刻似乎飘入孩子们的心中，唤起孩子们的灵魂。当每个孩子被叫到名字时，他会抬起头，睁开眼睛，脸上流露出一种幸福的表情。然后他站起来，用脚尖轻轻地着地，向外面走去。这要是在平时，根本听不到。但现在他的脚步在安静中出现回声，回荡在静止不动之中。

孩子们来到门口，满脸高兴。有的孩子会把脸埋在我的裙子上；有的孩子会回头看自己的同伴，他的同伴像雕像一样安静地坐在那里等待着。被叫到的那个孩子似乎拥有了特权一般，或如同收到礼物及奖励一样。虽然他们知道，每一个人都会被叫到，但他们感觉“第一个被叫到的就是最安静的一个”。所以每位孩子都尽力表现出安静的状态，希望获得这种奖励。有一次，我看到一位3岁的小孩想打喷嚏，但她还是努力地把喷嚏憋回去了。她忍住了，她成功了！她的努力令人吃惊。

孩子们对这个超乎想象的游戏产生了极大的兴趣。他们表情专注，耐心而静止不动，显示出无比的快乐。刚开始时，我还不了解孩子们的心灵。我曾设想过，把糖果和小玩具分给被叫到的孩子，认为这些小礼物是对孩子作出这种努力的奖励，但是我很快发现没有奖励的必要了。

孩子们经过努力保持住安静以后，便享受到了安静的感觉。对安静产生的快乐很惬意，就像船舶停靠在安全的港湾中一样。孩子们乐于接受一些新东西，并且能够战胜自己。这对他们来说是一种有益的补偿。他们不在乎糖果，也忘记了小玩具，而我曾认为糖果和小玩具会吸引他们的注意力。因此，我放弃了那些想法，并且十分惊奇地发现，这个游戏非常成功。即便是3岁的孩子，也能够在我把全班40个孩子一一叫出房间的这段时间内保持静止不动和安静的状态！

从那个时候起，我终于认识到，孩子的心灵中存在着独特的奖励形式和精神快乐。经过这样一些练习以后，孩子们和我的距离变得更近了，他们比以前更加听话、更加有礼貌了。在这样的游戏中，我和孩子们有时好像的确被隔离在世界之外，并且有那么几分钟我们是如此地接近。我叫他们的名字，他们在安静中听到我发出的声音，这种声音让每位孩子都非常高兴。

本章小结

蒙氏养育观点

对于孩子而言，3岁是条分界线。他们之前用心灵探索世界，现在是用双手探索世界。双手又成了他们理解事物的直接器官。这时，他们的发展主要依靠双手的工作，而不是靠两只脚到处行走。如果让他们双手持续不停地忙碌，他们会像水中的鱼儿一样快乐。这个时期被我们称为“幸福的游戏年代”。

孩子的生活环境中到处都塞满了没有价值的玩具，但它们并不是有助于心智发展的工具。孩子想去触摸每一件东西，可成人只给他们其中的一部分，比如沙子和水等，而不提供其他东西。孩子是不太喜欢这些玩具的，因为它们不是真的。

生活在简单社会的孩子是比较平和、快乐的。他们能够自由地使用周围的东西，不用担心会把它们弄坏，因为那些东西都不昂贵。如果找到了适合自己的事，他们就能为自己的生活做好准备。

□ 儿童不断地从较低的阶段向较高的阶段发展，他们的每一分钟都很宝贵。由于儿童在不断地成长，他们只会对有益于他们发展的活动着迷，而对悠闲的工作不感兴趣。

□ 如果把儿童关在一个狭小的房间里，他们就会不可避免地对自己所面对的障碍采取一些暴力的行为。在这样混乱的环境中，他们是无法有秩序地工作的。

□ 如果儿童进行的运动中没有什么智力的内涵，也没有人对他们的运动进行适当的指导，那么儿童在运动中就会感到厌倦。

□ 孩子能够照顾自己的第一步，就是会自己穿衣服和脱衣服。

□ 孩子的发展与成长只能由孩子自己完成，老师的授课只是一种帮助、一种提示，是给孩子的成长道路开启一个良好的开端。

第 3 章

儿童的感觉训练

MONTESSORI BRINGING UP
YOUR 3 YEARS OLD
CHILD

我们说一个孩子聪颖，不仅是指他能对事物进行理解，而且还要能作出迅速的理解。学习同样的东西，如果一个人比别人花更多的时间，那他的反应就是比较迟钝的。

·1·

感觉系统训练的原理

我们说一个孩子聪颖，不仅是指他能对事物进行理解，而且还要能作出迅速的理解。学习同样的东西，如果一个人比别人花更多的时间，那他的反应就是比较迟钝的。

这类“反应敏捷”的孩子的特点：

第一，注意力总是非常集中，时刻准备着接受各种刺激。就像高度灵敏的天平对轻微的重量变化也会有所反应一样，聪慧敏感的大脑，也能对那些具有细微吸引力的东西作出反应。

第二，联想产生得十分迅速。我们形容他们这方面的能力时，常常会说“他一眨眼就明白了”。

孩子们的主要活动都可以通过感官练习得到激发和加强。我们可以让孩子的感官跟刺激物进行适当的分离，从而让他们的意识获得清晰的知觉；我们可以让他们敏锐地感觉到冷与热、粗糙与光滑、重与轻、声音与噪声的差异；我们可以让他们在安静宁谧的环境中闭上双眼，等待一种细微纯净的声音发出召唤……

所有这些练习的目的，就是让孩子感觉到外部世界仿佛在敲打他们的心门，唤醒他们的精神活动。根据我们的经验，当各种感觉跟环境融合在一起时，它们就能产生协调的相互作用，同时加强已经被唤醒的活动。比如，当一个孩子正在全神贯注地给图案上颜色时，如果有音乐相伴，他会选择最美丽的色彩来着色。当一个孩子身处优美的校园之中，被令他心旷神怡的鲜花环绕时，他会放开最美妙的歌喉，唱出动人的旋律。

以后孩子会成为他周围世界的自觉观察者，这样就能实现一个目的：通过这种练习，可以起到间接的帮助作用，能够让孩子们对各种不同的感觉和观念更加清晰化。

·2·

通过绘画、手工激发创造力

自由绘画

自由绘画的重要之处在于，揭示出孩子的观察能力，同时也展现出孩子的个人偏好。一般说来，孩子第一次绘画时没有任何形状，画面非常混乱。

教师应该问孩子想画什么，并且指导孩子该如何画。慢慢地，孩子的图画变得越来越清晰，能够揭示出孩子在对图形的观察中所取得的进步。那些细节的东西在孩子们粗略的草图中也经常被观察并且记录下来。同时，因为孩子们是随心所欲地进行绘画，所以这些绘画向我们显示了那些最能吸引他们注意力的物体。

填充绘画

这种绘画对孩子来说非常重要，因为它们是在“为书写作准备”。这种绘画对色觉所发挥的作用，就像自由绘画对形状感觉所起的作用是一样的。也就是说，这种绘画揭示了孩子对颜色的观察能力，而在自由绘画过程中，揭示出孩子对他周围物体形状进行观察的细致程度。这种练习主要包括用彩色铅笔填充黑色轮廓线图案，这些轮廓线展现出一些最简单的几何图形和不同物体。对于孩子来说，这些图形和物体在学校、家庭和校园中都非常熟悉。要求孩子们选择相对应的颜色进行填充，这样就能够知道他是否对周围的物体进行了观察。

泥塑手工

这种练习与自由绘画和选择不同颜色的铅笔填充颜色比较相

似。儿童可以随便地用黏土做自己想做的东西。换句话说，孩子可以做一些自己记得最清晰、印象最深的东西。我们给孩子一个木质圆盘，圆盘里面放着黏土，然后再给一些他们的同伴用黏土做的比较优秀的作品。这个时候，有的孩子会模仿他所看到的作品。最令人吃惊的是，孩子们不但对形状进行复制，甚至还对需要在小学中才学习到的维度进行复制。

我注意到，许多孩子用黏土做他们在家里面尤其是厨房中看到的物品，比如水瓶、茶壶和煎锅等。有时，我们也会看到孩子做出一个摇篮，有趣的是摇篮里面放着婴儿。刚开始的时候，就像在自由绘画中一样，有必要要求孩子对物体进行具体描述来确认物体，但是到了后来，作品逐渐变得清晰起来，孩子们学会了复制几何物体。

能够很好完成这种练习的孩子，也就是那些能够最迅速实现自觉书写行为的孩子。那些在黏土练习中表现不好的孩子，就需要教师来直接帮助，指导他们注意观察自己周围物体的形状。

颜色感的练习——绘画和图片

我们准备了许多填色图片，孩子们可以用彩色铅笔进行填充。接下来还要给他们准备画笔、水彩颜料等相应的工具。最初的填色图片可以是花朵、蝴蝶、树木和动物，然后是一些简单的风景，包括草地、天空、房屋。

这种练习可以帮助我们研究孩子作为环境的观察者，在考虑到颜色方面时他们的自然发展。孩子在练习过程中是绝对自由的，可以自由选择颜色。比如，他们可以把小鸡画成红色，或者把奶牛画成灰色，这些都表明他们还不是一位合格的观察者。但是在这种方法的一般性讨论中，我已经谈到这种错误的出现。这种绘画同时也表明了儿童颜色感觉训练的效果。无论孩子选择细致而和谐的色彩，还是强烈对比的色彩，我们都可以判断出他在颜色感觉训练当中所取得的进步。

孩子必须牢记图画中所出现的物体在真实环境当中的颜色，这个事实会鼓励孩子去观察周围的物体。在这以后，希望孩子能够进行一些更难的图画练习。只有那些把颜色涂在轮廓线内，并且选择出正确颜色的孩子，我们才能够让他继续进行一些更为复杂的图画。

本章小结

蒙氏养育观点

孩子在训练中不停探索着世界，获得了独特的印象和深刻的体验，并在这一过程中感受到极大的乐趣。他们将原本看起来杂乱无章的世界分门别类，使之变得有条理、有章法，并学到了很多知识。

通过这些练习，孩子们完全理解了许多词语，例如大小、厚薄、长短、深浅、粗糙和光滑、轻重、冷热等，还有许多几何图形的名称和各种颜色的名称。这需要孩子经过长时间的练习才能完全掌握和理解这些名词，孩子需要特别关注物体之间的差别，并通过比较、分析形成自己的判断，最终获得辨别物体差别的能力。也就是说，孩子“提炼”了自己的体验和感受，他们对事物的观察和理解是清晰、彻底的，孩子改善和提升了自己。

□ 在教学中，老师需要不停地进行示范。

□ 感觉练习中包括自我教育，孩子需要重复练习多次。

□ 给孩子们呈现一些真实的而不是平面的几何图形，这些图形会更加适合他们。

□ 孩子在练习过程中是绝对自由的，可以自由选择颜色。

□ 只有那些把颜色涂在轮廓线内，并且选择出正确颜色的孩子，我们才能够让他继续进行一些更为复杂的图画。

第 4 章

蒙氏教具的使用

MONTESSORI BRINGING UP

YOUR 3 YEARS OLD

CHILD

当圆柱体放置的位置不正确时，孩子会开动自己的脑筋，不断进行尝试，并通过自己的实践寻找到圆柱体的正确位置。

·1·

几种常见教具的使用

木制立体插件教具

在众多教学用具中，最能吸引2岁半到3岁孩子注意力的教具有3件，就是3套木制的立体插件。每套插件由10个小圆柱体组成，每个小圆柱体上都有一个圆顶小把手。

第一套插件是高度相同，直径由大到小依次递减的圆柱体（图2）；

第二套是直径相同，高度有变化的圆柱体（图3）；

第三套是高度和直径都有变化，或大或小，或高或矮的圆柱体（图4、图5）。

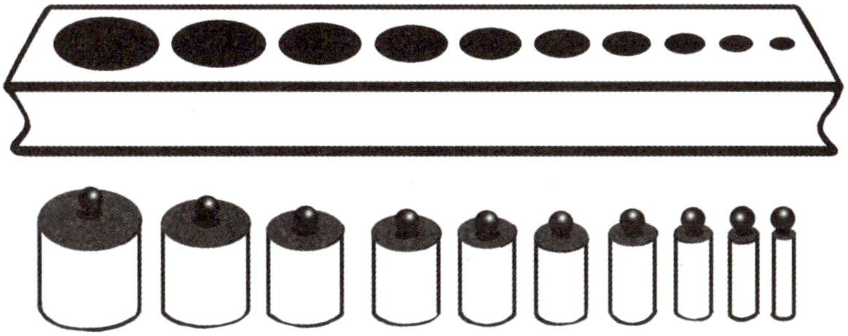

图2　直径依次递减的圆柱体

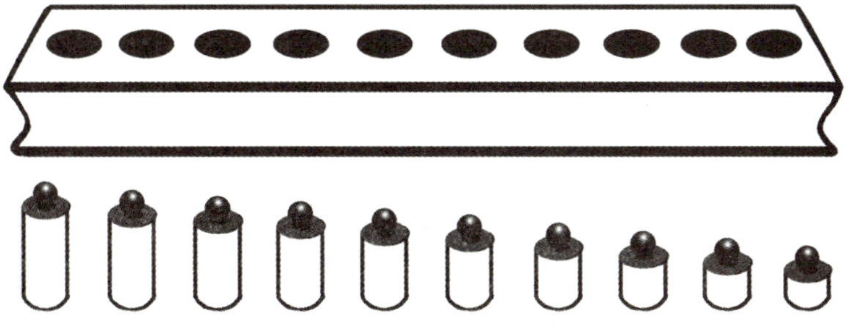

图3　高度依次递减的圆柱体

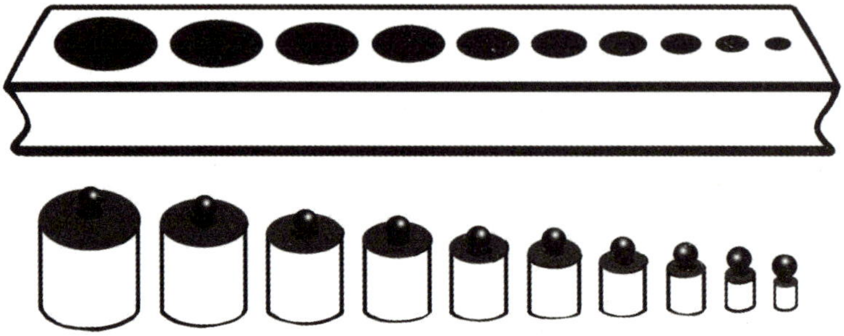

图4　直径和高度依次递减的圆柱体

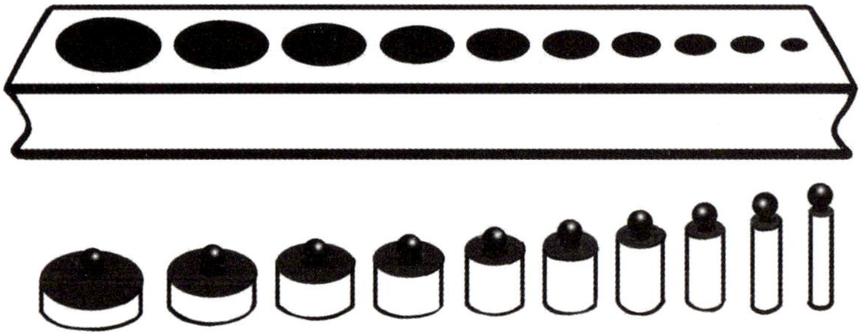

图5　直径递减高度却递增的圆柱体

第一套教具包含两个方面的变化，第二套教具只涉及一个方面的变化，第三套教具则含有3个方面的变化。我在设计教具的时候都考虑了圆柱体的排列次序所带来的难度。

这3套教具的具体使用方法是：

Step1 将所有的圆柱体插件全都取出来，打乱圆柱体原本的顺序。

Step2 让孩子将打乱的圆柱体放回正确的位置。孩子可以在小桌子旁用一种舒服的姿势进行这项练习。孩子用两个手指捏住圆柱体上的圆顶把手，将圆柱体从模板上拿下来，再用两只手和手臂将它们混合打乱，任意摆放。在这个过程中，不要让它们掉下桌子，也不要弄出太大的噪声。

Step3 将打乱的圆柱体放回原来正确的位置。

老师可以先做示范，将圆柱体取出，在桌子上将它们混合打乱，然后向孩子示范如何将圆柱体放回到正确的位置。其实，老师做示范这项工作大多数情况下并不需要，孩子们看到同伴在做这项练习会很自然地进行模仿，根本不再需要老师的指导。孩子喜欢独自进行这项练习，为了不被别人打扰，孩子还会在相对安静的地方私下练习。

孩子是如何将那些被打乱顺序的圆柱体放回到正确的位置上的呢？

刚开始时，孩子会经常弄错，会把大一些的圆柱体放在一个小插孔上，发现插不进去，就会换另一个位置尝试，直到圆柱体放进正确的插孔内。或者发生相反的情况，将一个圆柱体放入了相对较大的插孔内，孩子会发现这个插孔不属于这个圆柱体，应该是更大一些的圆柱体。

孩子不断地为圆柱体寻找正确的插孔，最后会有一个圆柱体怎么也找不到合适的位置，这让孩子十分困惑。孩子停下了动作，皱起了眉头，开始认真思索，为什么其他圆柱体都放进了插孔里，而最后的那个圆柱体却放不进去呢？孩子会努力思考，查看到底是哪里出了错。孩子在想，是不是有个圆柱体放错了位置。孩子开始尝试再一次摆放那些圆柱体，一遍又一遍地寻找圆柱体的正确位置。

最终，孩子成功了，绽放出灿烂的笑容。

这项练习能激发孩子的智力潜能，当圆柱体放置的位置不正确时，孩子会开动自己的脑筋，不断进行尝试，并通过自己的实践寻找到圆柱体的正确位置。3岁到3岁半的孩子对这项练习十分感兴趣，重复练习40多次仍然兴趣盎然。一旦给孩子呈现另外两组教具，孩子们会被圆柱体的不同变化打动，并再次唤起他们的兴趣。

这几套教具都是培养孩子用眼睛区别大小尺寸的能力。经过练习，孩子一眼就能够分辨出手里的圆柱体是放入小一些的插孔还是大一些的插孔。

我的教具是我教育方法的重要一环：

- 教具能够控制错误的出现，孩子在用教具进行练习时就能感受得到这一点。
- 孩子在教具的指引下，不断纠正出现的错误，并最终获得成功。
- 不是老师让孩子知道错误出现在哪里，而是孩子通过自己的努力实践发现错误，并进行纠正，是孩子自己智力劳动的成果。孩子就是这样进行了自我教育。

进行这项练习的目的，不是表层的、外在的。也就是说，不仅仅是让孩子学会如何将圆柱体放入正确的位置，更是要让孩子学会如何进行练习。其深层次的、内在的训练目标是，通过这项练习训练孩子观察事物的能力，指导孩子对事物进行比较、分析，并形成自己的判断、决定和认识。孩子在不断地做这项练习的过程中，就能使其注意力和理解力得到提高和发展。

木制几何立体图形教具

还有一种教具，是3套几何立体图形的木制教具。

第一套是由10个粉红色的木制立方体组成，立方体的边长由10厘米到1厘米依次递减（图6）。孩子可以用这套教具搭建一座塔。先将最大的那个立方体放置在地板上或小地毯上，然后将其他的立方体从大到小一个一个搭起来，直到把最小的立方体放在最上面为止。有时候一阵风刮过来就会把孩子好不容易搭好的塔吹倒，将立方体刮倒在地板上，弄得到处都是，孩子只得再一次搭建木塔。

第二套是由10个棕色的棱柱体组成。棱柱体的长是20厘米，截面的高度从10厘米依次递减到1厘米（图7）。在使用这套教具时，孩子将散乱放在地板上的棱柱体从最厚或者最薄的开始，按棱柱体的大小依次摆放。

第三套是由10个绿色或红蓝相间的薄板组成，方截面都为4厘米，薄板的长度则由10厘米到1米依次递增（图8）。使用这套教具需要大一些的空间，将薄板打乱。孩子通过比较分析，将散乱放置在地板上的薄板按照长短次序摆放好。

图6　孩子们搭建的塔

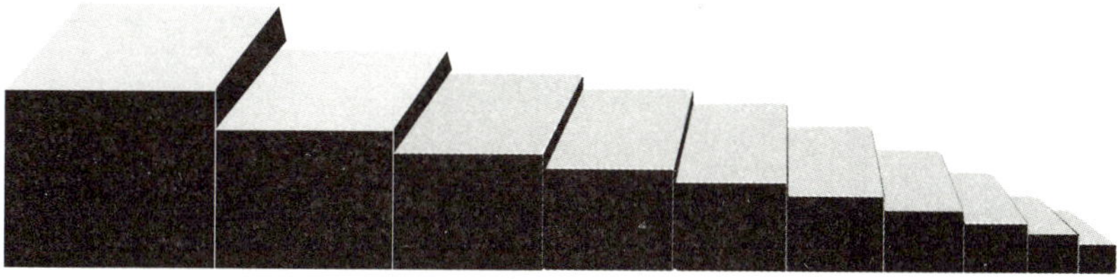

图7　孩子们摆放的宽楼梯

图8　孩子们摆放的长楼梯

练习要点

● 在进行这些练习之前，老师可以先做示范，给孩子看如何摆好那些立体板。但是，实际上孩子并不是直接从老师那里学会如何进行这些练习的，而是通过观察其他孩子的训练学会的。

● 老师只需要认真观察孩子的一举一动，关注孩子的具体操作，在必要的时候纠正孩子的行为。

● 所谓纠正孩子的行为，只是孩子在粗暴或者胡乱操作教具时进行纠正，而不是在孩子没有正确摆放立方体或薄板的时候纠正。孩子在摆放立方体或薄板时发生错误，是由于孩子缺少练习造成的，比如将小的立方体放在了一个大一些的立方体下面。

● 孩子通过认真观察、比较和分析，重复进行训练是会改过来的。有时候，孩子在摆立方体或薄板时发生了很明显的错误，甚至有些错误让人觉得可笑。即使在这种情况下，老师也不应该打扰、纠正孩子，因为做这些练习的目的不是让孩子一定要将立方体或薄板按顺序摆放好，而是让孩子自己动手操作。

经过不断的练习之后，孩子一定能将所有的立方体或薄板按顺序摆放好。成功之后，孩子会欣喜地将自己的杰作展示给老师看，这才达到了练习的目的。

立方体、棱柱体和薄板这3套教具的摆放练习，使得孩子拿着木制模具不断走动，孩子的小手控制和操作这些东西实际上还有一定的难度。孩子通过这些练习能锻炼自己区别相似物体的能力，提高观察力。有些人会觉得这3套教具练习比起之前的圆柱体插孔练习要简单些，事实上，按次序摆放的练习难度会更大。因为按次序摆放练习，教具本身无法控制错误的出现，只能依靠孩子自己的观察比较来避免错误。

触摸教具

孩子可以在同一段时期内做各种不同的练习。我还有这样一种教具，它是一块矩形板，表面分成两个部分：光滑面和粗糙面。

练习要点

- 在进行这项练习之前，让孩子先清洗自己的小手。孩子们已经学会了如何用凉水和肥皂来清洗自己的小手，洗好后擦干，再将指尖放入温水中浸泡几秒钟。
- 然后，老师引导孩子用柔软的指尖轻轻地抚摸两个表面，感受两者的不同。

在抚摸表面时，孩子的指尖轻微移动的动作是培养孩子们控制能力的好方法。孩子的小手清洗干净，还用温水浸泡过，则更增添了孩子在做这项练习时的优雅感觉。这项练习是对孩子进行触觉培养的开始，在我的教学方法当中，对孩子触觉的培养是相当重要的一环。

这项练习是培养孩子触觉的启蒙教育。在指导孩子做这项练习时，老师必须有积极参与的态度，要示范如何练习，还要引导孩子如何用指尖轻轻抚摸两个不同的表面。

老师在参与这项练习时，不需要做解释，最好保持沉默，只需要握住孩子的小手即可。如果老师要说话，那就说些鼓励孩子动手去抚摸，体验两个不同表面所带来的感受的话语。

当孩子体验到两者的不同后，会按照老师的指导方法不断地、重复地体验两者的区别。体验过两个不同表面的教具后，可以让孩子感觉另一种教具。它也是一块矩形板，上面贴有不同程度的光滑和粗糙表面的胶带纸，也可以使用那种层次分明的系列砂纸作为培养孩子触觉的教具。通过对不同表面的抚摸，孩子体验到了不同表面所带来的感受，慢慢地就能分辨出差异细微的触觉感受，提高触觉能力的同时，也提高了对手部的控制能力。

在这些练习之后，可以让孩子触摸各种各样的布料，例如丝绸、棉布、亚麻布、天鹅绒等。布料要选择颜色鲜艳明亮的，且形状大小要尽量一致。

然后，老师可以让孩子做一些新的练习。孩子抚摸布料，可以从粗糙的棉布到细滑的丝绸，可以让孩子根据布料的精细和光滑程度采取相应的用力抚摸或者轻柔抚摸来感受布料。经过之前的训练，孩子已经有了一定的触觉能力，能够在触摸这些不同布料时找到很多乐趣。孩子为了增加抚摸布料时触觉的感知力，会不自觉地将双眼闭上。有的孩子还会将自己的双眼用一块干净的手绢蒙起来，细心地抚摸每一块布料，并将不同触感的布料区别开，然后再将手绢从双眼上拿下来，看看自己是否出了错。

孩子对这类抚摸练习特别感兴趣，除了使用教具触摸，还会在自己周围的环境中寻找这种体验。例如，有一个孩子看到穿着漂亮衣服到访的客人时，先将自己的双手洗干净，然后走到客人身边，用手轻柔地抚摸客人的衣服，感受那件衣服的布料。这时，孩子的脸上洋溢着快乐和满足的神情。

木制矩形板教具

在经过一段时间的练习后，孩子会对那些更有难度的练习感兴趣。

可以让孩子使用下面这套教具（图9）。这套教具是由一些木制矩形板组成的。矩形板大小相同，但是制作矩形板的木材特征是不一样的，所以每块矩形板的重量、颜色都会有区别。

- 让孩子拿起一块矩形板。
- 展开手掌轻轻地掂一下。

这是让孩子学会轻微动作的好方法。

孩子将矩形板放在自己的手掌上掂来掂去，感觉着矩形板的重量，但动作要尽量轻微。当孩子能够很快速地感受到物体的重量时，手部掂矩形板的动作就会越来越轻微。当孩子不需要掂的动作，拿起矩形板就能察觉到重量时，就达到了这个练习所要达到的目标。要想达到这个目标，需要对孩子不断地、重复地进行训练。

图9　重量不同的矩形木板

老师一旦帮助孩子掌握了练习的技巧，孩子会将自己的双眼蒙住进行训练。孩子拿起矩形板，将较重的板放在右侧，将较轻的板放在左侧。当分类完毕，孩子会取下蒙住双眼的手绢，看看自己是否能够准确区分。

方块板教具

在进行上述所有练习的过程中，孩子还可以用另一种非常能吸引他们的教具来进行锻炼。

这套教具由方块板组成，方块板上裹着颜色靓丽的丝绸布料，由两个独立的盒子盛放这些方块板。每个盒子中的方块板有64种由深到浅的颜色，分为8种不同色调，每种色调都有8个深浅不同的色度。这个练习的要求是，让孩子给打乱的颜色或色度配对，即让孩子从打乱了次序的方块板中找出两个颜色相近的方块板，然后按次序排列好。

刚开始做这个练习时，老师不要将128块方块板全都混在一起让孩子来区分，可以先选择颜色鲜艳明亮的方块板，例如红色、黄色和蓝色，挑出3对或者4对这3种颜色的方块板混在一起。

Step1 从里面拿出一块红色（或者黄色）的方块板，向孩子示范如何从那堆方块板中挑选出与红色相近颜色的方块板，并将配好对的方块板放在桌子上。

Step2 拿出另一种颜色的方块板。例如蓝色，让孩子自己动手挑选出相近的颜色进行配对。

Step3 将方块板打乱，让孩子重复这个练习。在孩子逐渐掌握了一定技巧之后，可以渐渐增加颜色的数量，可以由2种颜色增加到4种或5种。

孩子3岁时，就能够从许多的方块板中配出10对或者12对颜色相近的方块板。

当孩子能一眼判断出颜色的一致性，一下子就能配对成功，那么就可以再加大些难度，让孩子做颜色深浅度的练习，感觉每种颜色的不同色度之间的细微差别，锻炼孩子的观察力。以蓝色系列为例，教具中有8种色度不同的蓝色方块板，从最深的蓝色开始摆起，老师可以示范给孩子看，如何由深到浅地将方块板摆好，让孩子知道接下来应该如何进行练习。

示范完之后，老师就可以离开了，孩子自然就会去操作这个让他们感兴趣的练习。虽然孩子已经知道如何进行这项练习，但是在练习过程中还是会经常出错，这说明孩子还没能快速地识别同一种颜色的不同色度之间的差异。孩子只有经过不断地、重复地练习，才能提高这一能力，才能区别同一颜色不同色度的细微差别，所以让孩子尽情地练习吧！

为了能让孩子得到提高，可以给他们提供两个建议，以尽快掌握这个练习的要领。

- 每次练习开始先将颜色最深的方块板挑选出来，这样孩子在进行这项练习时就有了明确的方向。
- 可以时不时地引导孩子对颜色相近的两个方块板进行直接细致的观察和比较，然后将这两个方块板与其他方块板区分开。这样，孩子在摆放一块方块板之前会对与其颜色相近的其他方块板进行认真比较和仔细对比。

经过一段时间的练习之后，孩子会很愿意将64块方块板混起来，然后熟练地将方块板摆成8排，每一排都是将一种颜色按照由深至浅的顺序摆放好。这项练习能提高孩子运用双手进行细微工作的能力，同时还能锻炼孩子的记忆力和注意力。在做这项练习时，孩子不能随意地将方块板攥在手中，手不能触碰到裹在方块板上的彩色丝绸布，而只能拿住方块板上下两端裸露出来的木头部分进行操作。将方块板一个接着一个整齐排成一条直线，使得方块板排列得像一条具有明暗深浅色彩的漂亮丝带，要做到这一点，孩子在操作时要特别仔细，要有一定的手工技巧，孩子只有通过大量练习才能达到这个要求。

对大一些的孩子而言，这种色彩感知练习是开发其“色彩记忆”的好方法。当孩子认真仔细地观察过一种颜色之后，他们无须用太多的时间就可以从一堆色彩缤纷的方块板中找到与其相近的颜色。可以看出，孩子实际上是通过记忆来识别颜色的，依靠的是色彩差异留在他们脑中的印象，而不再需要参考具体事物。

孩子对这种“色彩记忆”练习非常感兴趣，在练习过程中会有一种愉悦感。当孩子的脑袋里出现某种色彩的印象时，他们就会在现实生活中寻找与之相对应的具体事物。当孩子在现实生活中找到了脑袋里印象相对的、实际存在的具体事物，并将这一具体事物抓在手里时，孩子已经证明自己拥有了一定智能，这是一个胜利，会让孩子非常高兴。

小橱柜教具

还有一套非常有趣的教具，是一个带有6层抽屉的小橱柜，在每个抽屉里有一个木制的“方框”（图10）。在这些方框中央都插嵌着一个蓝色的几何图形，几何图形中央都有一个圆顶小把手。在每个抽屉里都放着蓝色的纸，当拿走几何图形时，就可以看到抽屉底部复制出一个完全一样的几何图形。

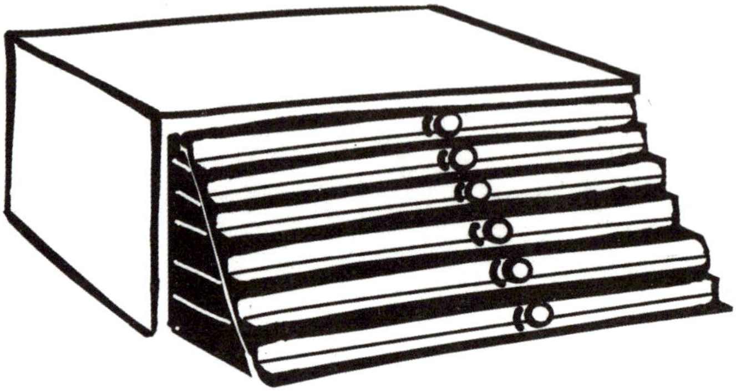

图10　装有几何图形插片的六屉橱柜

插嵌有几何图形的方框按照一定的规律放在抽屉里。

第一个抽屉：6个直径依次递增的圆形（图11）。

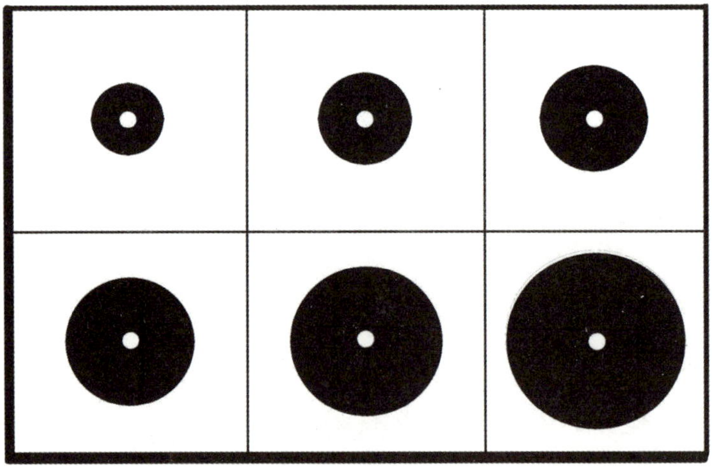

图11　圆形插片工具

第二个抽屉：5个矩形和一个正方形，矩形的长度与正方形的边长相等，但宽度依次递增（图12）。

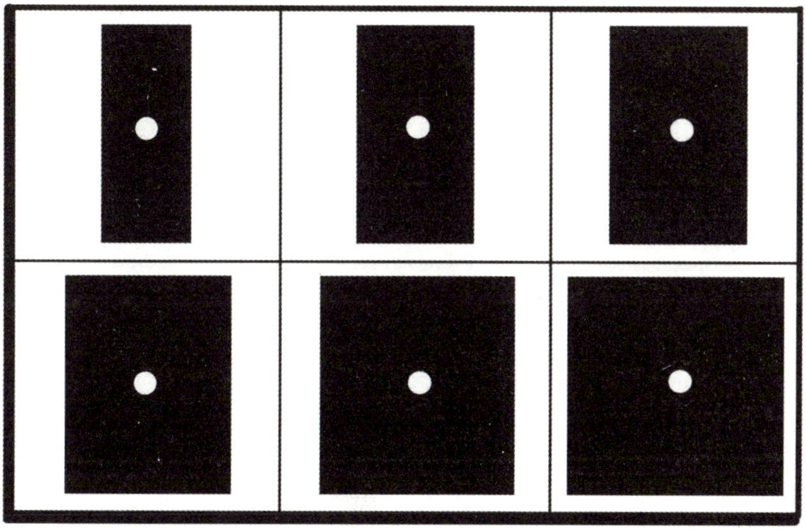

图12　矩形插片工具

第三个抽屉：6个三角形，每个三角形的边长和角的度数都不一样，分别为等边三角形、等腰三角形、不等边三角形、直角三角形、钝角三角形和锐角三角形（图13）。

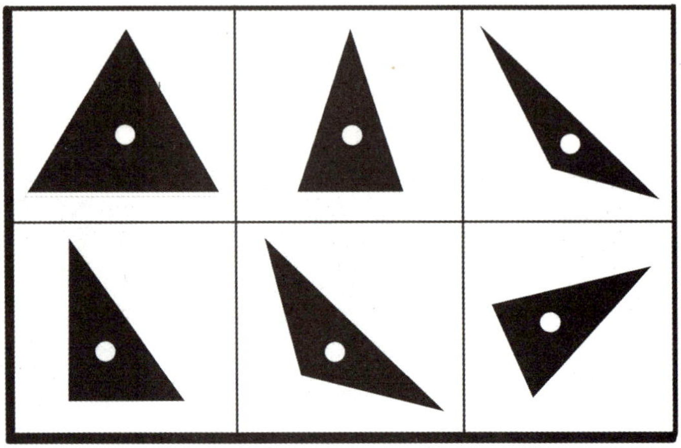

图13　三角形插片工具

第四个抽屉：6个多边形，分别从五边到十边，即五边形、六边形、七边形、八边形、九边形和十边形（图14）。

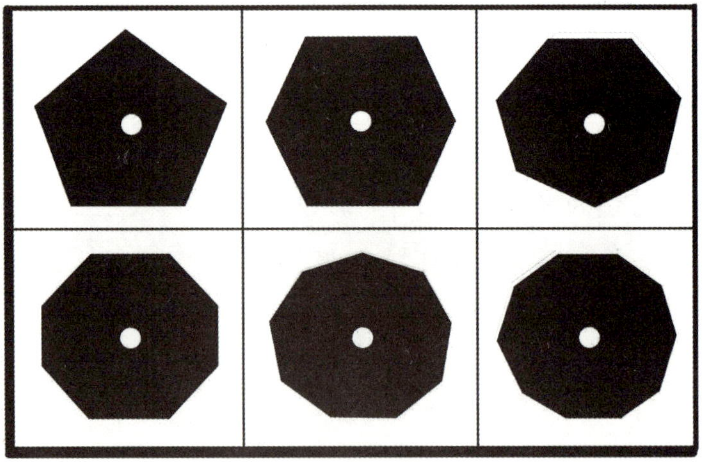

图14　多边形插片工具

第五个抽屉：6个不同形状的几何图形，分别为菱形、平行四边形、直角梯形、等腰梯形、鹅卵形、椭圆形等形状（图15）。

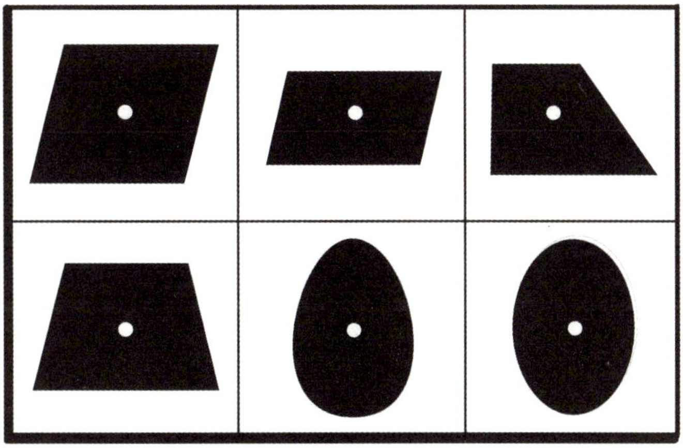

图15　不规则图形插片工具

这套教具要配合一个木框使用，这个木框里有6个格状分类栏，打开时像一个盖子，合起来时能将6幅插图完全盖住，使摆放在木框底部的6幅插图模具牢牢地固定在正确的位置上。

这个木框可以作为孩子的第一堂平面几何图形课的教具，老师根据情况在所有几何图形中选出一些图形来进行练习。

在孩子第一次做这个练习时，我建议先选择一些形状区别较大的几何图形，然后再逐步加大难度，给孩子看更多、形状更相近的几何图形。

例如，孩子刚开始用木框做几何图形练习时，可以给孩子选择圆形和等边三角形或者圆形、三角形和方形这类形状较规整的几何图形，将这些几何图形摆放进木框中。老师给孩子提供的图形区别比较大，甚至是一些完全不相似的图形。比如，当孩子要将上述规整的几何图形放入木框中时，可以将这些规整的几何图形与矩形、椭圆形、多边形等形状区别较大的几何图形混在一起。经过一段时间的练习之后，孩子已经掌握一定的技巧，就可以加大难度，用一些形状相近但尺寸不一样的图形进行练习，如6个矩形、6个三角形或6个圆形等。

这个几何图形练习与之前的圆柱体插孔练习有点儿相似，都是在做练习之前将模具从原来的位置上拿下来，然后打乱它们的次序，并通过小圆顶把手拿取，放回到原来的位置。这个教具同插孔练习的教具一样，也能够控制错误的出现，因为几何图形插片只能放置在正确的位置上，其他地方是放不进去的。这样，孩子在经过一段时间的练习后，一定能将所有几何图形都放入正确的位置。要做到这些，不仅需要多做练习，还要求孩子在练习中多观察、多比较各种不同形状的几何图形。当出现了错误，孩子无法将手中的几何图形插片放入木框中时，孩子会开动脑筋，认真观察比较图形之间的差别。几何图形练习引导孩子意识到并发现各个几何图形之间的差异，提高了孩子用眼识别各种几何图形的能力。

在做练习时，手脑并用非常重要。孩子在观察几何图形时，老师可以指导孩子用食指和中指柔软的部分去触摸几何图形的轮廓。不仅仅是触摸几何图形的轮廓，还要触摸木框中与几何图形相对应的孔径的轮廓。只有两者都触摸过之后，孩子才能更理解几何图形的形状，才能正确地将几何图形插片放入准确的位置。

经过一段时间的练习，孩子对几何形状的识别能力会有很大提升。原本不能一眼就识别出形状差别和将形状区别很大的孩子，在触摸了几何图形和木框中孔径的轮廓之后，能很快识别出几何图形之间的差异，并能快速将几何图形放入正确的位置。

孩子对几何图形的触摸过程，使得孩子的手对触摸的物体有了具体的了解。这一点在孩子触摸木框时表现得尤为明显。孩子的两个手指沿着木框边沿慢慢抚摸，木框既是一个阻碍，又是指引手指移动的明确指示。在孩子进行这项操作之前，老师一定要准确地将触摸的动作示范给孩子看，这点非常重要，对孩子今后的练习非常有帮助。老师在示范动作时，手部的触摸动作一定要缓慢、清楚，示范之后还要指导孩子的小手进行第一次的触摸动作，要保证孩子的手指能抚摸到所有的细节部分——那些边边角角。当孩子的小手能独立操作并准确完成触摸动作之后，孩子就能通过触摸物体的轮廓来感知几何图形的形状。多次练习之后，孩子还能够协调自己手部的所有动作准确画出一个几何形状来。

这个练习并没有具体指向的训练目标，却可以为绘画做准备，能让手部拥有勾勒封闭的几何图形轮廓的能力，为绘画的基本功打下基础。孩子的手指清晰地感觉如何沿着一个几何图形轮廓触摸、移动的同时，也在为书写做准备。当然，孩子并没有意识到这一点。孩子们为了提升自己精准触摸几何图形轮廓的能力，会自觉地加大触摸的难度，用手绢将自己的双眼蒙住，这样孩子就无法看到几何图形的形状。由于双眼被蒙住，看不到几何图形的形状，孩子只能依靠手指触摸图形的轮廓来辨别形状。

与几何图形在平面插片上形状相对应的，有3套白色方形卡片，卡片的大小与木框的插孔相一致，分别放入3个立方体形状的纸板盒里（图17）。卡片分为3组，上面有与木制几何图形插片的大小、尺寸和形状都一致的几何形状。

第一组卡片上粘着的图片，是用蓝色纸剪出来的几何图形；第二组卡片上的图形，是用约半厘米宽的蓝色的纸剪好，并粘在卡片上勾勒出的几何图形；第三组卡片上是用黑墨水勾画出的几何图形的轮廓。

图17　带有几何图形的卡片系列

用这套教具给孩子做练习，可以锻炼孩子用眼睛辨别平面形状的能力。之前的几何图形插片练习使用的教具能控制错误的出现，而现在这套教具，已没有这个功能。孩子不能再通过不断尝试将几何图形插片放入正确的孔径中，而只能根据纸片上的图形形状轮廓来完成练习，只能依靠自己的双眼来观察和判断各种几何图形的形状特征。

在一次又一次的卡片练习中，孩子提升了自己眼睛辨别平面图形的能力。当孩子做到第三组，也就是只用黑墨水勾勒出图形轮廓的那一组时，他们就能理解自己手里拿着的几何图形插片与周围物体外形之间的联系。孩子能渐渐将具体存在的事物与概念性的东西相联系。至此，孩子的脑海中对线条有了具体概念，并只需要通过线条简单勾勒的轮廓就能识别、辨认出几何图形。

孩子通过对物质的触摸以理解和感受物体的形状这一练习，不只是通过教具才能进行，实际上，孩子周围的一切物体和环境都可以成为触摸练习的教具和场所。

·2·

激发创造性的练习方法

孩子们创造的练习方法

训练的方法不仅仅是我前面提到的内容，孩子们自己就能想出很多种练习方法。有的孩子喜欢将木制几何图形插片与纸板卡片像洗扑克牌那样混在一起，然后再一一分开、配对。为了检查自己是否配对正确，孩子会将木制几何图形插片放在卡片上，相互对照几何图形的形状。孩子需要一整张桌子的空间来做这个练习，将与木制几何图形插片相对应的纸板图形卡片放在桌子上，然后将木制几何图形插片摆放在纸板上。

孩子们还创造了另一种练习方法，就是将3个系列的所有卡片都摆放在好几张连在一起的桌子上，并将所有的卡片次序都打乱，然后拿出一个几何图形插片，快速浏览桌子上的所有卡片，将木制几何图形插片尽可能快地放置在相对应的卡片图形上。

当四五个孩子聚在一起共同做这个练习时，一个孩子找出了与木制几何图形插片相对应的卡片，就将插片小心、准确地放在卡片的图形上，另一个则将插片放在只画有图形轮廓的卡片上。这个练习还能够激起孩子们对国际象棋的兴趣。

在教孩子识别几何图形时，我还教孩子那些几何图形的名词。刚开始我并不想教孩子学会诸如正方形、圆形、矩形这类最正式的名词，但孩子显得非常愿意了解所有几何图形的名词，甚至对最难理解和学习的十边形、梯形这类几何图形的名词都感兴趣。当老师准确念出几何图形的正式名词时，孩子会认真聆听并跟着老师重复朗读，显示出极大的兴趣。这段时间正好是孩子语言开发的最佳时期，这个练习同样对孩子的语言开发很有帮助。

经过较长一段时间的平面插片练习之后，孩子开始根据自己周围的环境搞“发明创造”，不断地辨认着自己已知事物的形状、颜色等特征。这些练习激发了孩子体内的热情，世界在他们眼中是快乐的、充满活力的。

一个男孩独自在屋顶的平台上散步，当他抬头望着天空的时候，他的脸上出现了一种认真思考的表情，嘴里重复着这样一句话：“天空是蓝色的，天空是蓝色的……”有一位红衣主教来到维亚·盖斯蒂学校，他非常喜欢孩子，给孩子们带来了一些饼干，想感受一下孩子们贪吃饼干的那种高兴表情。但当主教将饼干分发完之后，并没有看到孩子们馋嘴地将饼干往嘴里送的样子。让主教吃惊的是，孩子们看着饼干，说着饼干的外形，“这是三角形，这是圆形，这是矩形”。有意思的是，这些饼干的确都做成了几何图形的形状。

孩子通过对物质的触摸以理解和感受物体的形状这一练习，不只是通过教具才能进行，实际上，孩子周围的一切物体和环境都可以成为触摸练习的教具和场所。

孩子会逐渐为自己的世界命名

孩子发现自己的观察能力有了很大的提升，并拥有了敏锐的心理素质，能更好地面对和理解这个复杂的世界。慢慢地，孩子发现自己所建立的世界不再是杂乱无章的，而是分门别类的，根据物体的不同变化分类，并且每件东西都有其名称。孩子在经过观察、比较和分析之后，形成自己的判断，将所观察到的物体与脑中已经建立起来的物体概念相联系，并按照名称进行准确分类。

孩子在我们设置的课程的训练下，不停探索着世界，获得了独特的印象深刻的体验，并在这一过程中感受到极大的乐趣。他们将原本看起来杂乱无章的世界分门别类，使之变得有条理、有章法，并得到了很多知识。之后再进入他们脑中的物体不再是“混乱”的，而是自己理解的“创造物”。孩子在对知识的理解中得到极大的快乐和满足。

教育者必须“尽最大可能地减小对孩子们的干预，与此同时，教师也必须让孩子们在这种自我教育中向着正确的目标努力”。

·3·

教具使用的总结

教具的共同特征

我们可以分析一下这些教具的共同特征，大概可以总结为3点。

- 教具要有一致性识别，即相似的物体可以配对，或者物体能插入适合的位置中。
- 教具有对比性识别，即物体可对立区分。
- 相似物体的区分。

为了让孩子在做练习时能够尽可能将注意力放在感知的物体上，最好将孩子与外界环境隔离。例如，在孩子做练习时保持安静，或是在做与视觉感知无关的练习时将孩子的眼睛蒙住。

我们使用的第一种教学材料，是福禄贝尔长方体和立方体。我们让孩子把注意力集中在这两个物体上，进行认真、准确地感知。在这个过程中，孩子是睁眼的。与此同时，通过一些重复的过程，使孩子的注意力呈现在物体上。接着，在孩子看不到的情况下，调换两个物体的位置，把立方体放到右边，长方体放到左边。最后，让孩子在蒙住眼睛的情况下，再次重复这个练习。2～3次之后，几乎所有的孩子都能够完成，并且不会犯错误。孩子在进行练习时，一群小伙伴都非常感兴趣地注视着他，这大大增加了他的喜悦。

我的一位同事曾叫我留意过一位3岁的小女孩：

那位小女孩是我们这里年龄最小的孩子。别看她年龄小，她能够圆满地重复这一过程！我们曾让她坐在桌子边的躺椅上，把24个木块摆放在她面前的桌子上，然后把这些木块彻底打乱。我们让她注意这些木块之间的不同，接着要求她把长方体放到左边，正方体放到右边。然后，蒙上她的眼睛，让她按照我们先前所教的那样，每只手拿着一个木块，通过触摸把这些木块放到正确的一边。有时她两只手同时拿到长方体或正方体，有时她右手拿到长方体，左手拿到正方体。孩子一般通过分辨两类不同物体这样的练习来记住物体。可在我看来，这对一位只有3岁的孩子来说非常困难。

这个小女孩通过前期的观察，能够很轻松地完成练习，可是在利用我们教给她的感觉物体的方法时，还是显得比较烦琐。她每只手都拿一个物体，如果恰巧左手是正方体、右手是长方体的话，她就会立刻进行交换，然后再重新开始我们以前教给她的感觉物体的过程。她可能认为这是必需的过程。但不管怎样，在她第一次接触物体时，她就能够认识正方体和长方体，也就是说，只要拿住就能够准确地识别出来。

在继续这种方法的研究过程中，我意外发现这个小女孩掌握了非同寻常的功能和技巧。对于这个现象，我乐于进行更为广泛而深入的研究，主要用于关注同时对双手进行训练。

我在另外几个孩子身上重复这种练习，结果发现他们在感觉到物体的轮廓线之前，就能认出物体的形状，尤其是对那些较小的物体而言。我们为此提供了一种有效的练习方法，以此来加强联想式运动。正确使用这种方法，可以帮助孩子形成迅速的判断能力。同时，这种方法也适合于低年龄儿童。

这种感知觉练习不是单一的，可以通过多种方式进行重复，就像热觉练习一样。孩子通过练习对刺激物的认识，给他们带来了很大的乐趣。比如，他们会尝试拿起任何小物品，像玩具士兵、小球以及各种硬币等。渐渐地，他们也能够慢慢地识别只有细微差别的小物体，例如玉米、小麦和水稻等。

不用眼睛就可以“看”，孩子们对此感到非常骄傲。他们会高兴地拍着手喊道：“你们快看，这是我的眼睛！”“我可以用手来看周围的事物！”的确是这样，这些孩子正沿着我们预先设计的道路在前进，他们的每一次进步都使我们十分吃惊。

使用“直观”的教学法

目前，一般的教学法和我们学校常用的教学法恰恰是相悖的。他们的教学法首先把自发性的活动排除在外。他们把各种事物的特征直接介绍给孩子，期待孩子不需要指导就能按照顺序进行编排，并抽象出这些特征。于是，这些教学法就人为地在被试验者的身上制造出混乱状态。

通用的“直观”教学法把某物展示出来，并且记下它的所有特征（也就是说对这个事物进行了描述），并不是什么新兴方法，只不过是常见的“感官”记忆法的另一个版本罢了。不同的是，这种教学法并不描述某一个想象中的东西，而是描述人们眼前的东西；它不是通过想象来进行描述，需要人的感官进行参与。这样做的目的，是让某个事物与其他事物的不同特征能更好地被记住。被动的大脑只能局限在接收眼前事物的信息和杂乱无序的表象上。然而每个事物都可能具有无限的特征，正如在实物课上，如果我们的目的从头到尾都集中在实物本身的各种特征之中，那么我们的大脑就必须对此加以综合思考。

在给孩子上课，讲授关于咖啡的直观知识时（我曾在一个幼儿园听过这样的课），老师对咖啡进行描绘，把孩子们的注意力吸引到咖啡豆的大小、颜色、形状、芳香、味道和温度上。如果这时老师再继续描述咖啡树以及前人怎么漂洋过海把咖啡豆运往欧洲，然后点燃酒精灯，煮开水，研磨咖啡豆，制作咖啡饮料，孩子就会被弄得晕头转向，而咖啡本身却并没有得到详细的讨论。我们还可以继续描述咖啡具有的兴奋神经的作用，从咖啡豆中能够提取咖啡因，等等。这样的分析就像溢出的油一样四处蔓延，发挥不了任何作用。如果我们向经过这样指导的孩子提出问题："咖啡到底是什么？"他们很可能会这样说："这说起来话长，不过我记不起来了。"这些模糊的概念充斥着孩子的大脑，只会让他们感到筋疲力尽，完全不能让他们积极地展开类似的联想。孩子所做的顶多是努力回想咖啡的历史。如果他们的头脑能够展开联想，那也只能是近似的、次要的联想，他们可能会心不在焉地想象被横渡的海洋、家中每天放咖啡的桌子等。

也就是说，一旦孩子的思想摆脱连续被动的联想，他们懒散的头脑就会进入胡思乱想的状态之中。

这样的孩子常常陷入幻想之中，缺乏内在思维活动的迹象，更不用说具有什么个性特征了。适应直观教学法的孩子，他们的头脑往往易于接受各种各样的新观念，或者变成不断填入新东西的仓库。

如果让孩子像观众那样用静观的方式获得某种事物的意象，再力图让他们认识事物的本质，却不让他们参与到关于这个事物的任何活动之中，那么这个孩子的头脑就不会把这一事物同其他事物联系起来进行思考。比如，这些事物之间有什么共同的特征或相似之处？它们是否具有相同的用途？

当我们根据相似性对不同事物进行联想时，应该从总体中提取这些事物所具有的共同特性。例如，当我们说两块长方形的匾很像时，我们已经从匾的众多特性中提取出它们在许多方面的特性，如它们都是木制的，都经过推刨，都是光滑的，都上了色，都具有相同的温度，以及它们的形状很相像，等等。这可能又会让我们联想到一连串的事物，如桌面、窗子等。可是，在得出这样的结论之前，我们的大脑还应该从这些事物的众多特征中抽象出长方形的特征。大脑必须具有灵活性。它分析事物，并从中提取出某种共同特性，然后在共同特征的指导下，对众多的事物进行综合分析。如果不能从众多相关的事物特征中提取固有的特征，那么，以比较、综合为基础而展开的联想和更高的智力活动都是不可能实现的。联想其实是一种智力活动。因为智力的根本特性并不是“摄取”物像，然后像相册一样把它们“一页一页”地保存起来，或者像铺路石一样，一个挨一个并排摆放。这种储藏劳动的方式实在是对智力的一种浪费。

智力与它独特的逻辑思维和辨别能力，足以将事物的重要特征区分和抽象出来。智力就是在这些特征的基础上进一步活动，并构建起自身的内部体系的。

今天，我们的孩子所接受的教学法给他们的思维提供了帮助。他们已经在对事物特性的分类方面具有了条理性。他们不仅要根据自己对事物特性的分析来进行观察，而且还要对事物的相同、不同和相似之处进行归纳。这项工作能让他们识别出某一事物不同方面的特性。比如，注意某些物体在形状和颜色方面的相似之处对儿童并不困难，因为“形状”和“颜色”已经被分成非常清晰的类别。然后，他们又通过这些“形状”“颜色”等相似特征联想出一连串的物体。这是一种用相似类推的方法产生的联想，具有很强的机械性。或许我们的孩子会因此得出推论：书是菱形的。如果他们的头脑中不是早就有了菱形的概念，那么他们要得出这个结论就要经过一个极为复杂的思维过程。再比如，白纸印上黑字，装订成册就成了书。孩子就会在类似的思维活动中得出结论：书是印上了黑字的白纸。

教师要具备专业的技能

教育者必须“尽最大可能地减小对孩子们的干预，与此同时，教师也必须让孩子们在这种自我教育中向着正确的目标努力”。

在此，教师必须能够敏锐地感觉到这样一些因素，比如个体的极限和感知觉的不同敏感度等。我们也可以这样认为，学生必须需要教师的干预时，教师个体本质发挥着至关重要的作用。

教师的工作，主要就是传授准确的发音和名称。

大多数情况下，教师应该准确地读出名称和形容词。换句话说，教师读出名称和形容词时，不必添加其他辅助性的内容。在读这些词时，教师的发音要清晰，声音要洪亮，使构成这个词的每一个音节都能够让孩子们清楚而准确地听到。

比如，在触觉训练中，当触摸光滑和粗糙的卡片时，教师应该说：“这个是光滑的，那个是粗糙的。”并且以不同的变音方式进行重复，还要让声音清晰，发音准确。“光滑，光滑，光滑；粗糙，粗糙，粗糙。”

需要遵循的基本要求

以同样的方式，对待热的和冷的感觉教育时，要求教师们这样说：“这是热的，那是冷的；这是温的，那是冰冷的。”接下来，教师们还要适当添加一些发生学原则的术语，增加孩子对感觉教育的认识度，例如热、更热、不那么热等。在对孩子进行感觉教育时，我们应当遵循下面的要求：

第一，在与名称有关的教学中，必须包含能够使名称和事物之间产生联想的内容。这样做的好处是，当儿童的头脑在接受这些名称时，物体和名称就结合在一起。这就要求教师除了名称之外不能够牵扯到其他词汇，否则儿童就会产生混淆，不知道到底是哪个词汇与物体相对应。

第二，教师必须进行一些相关的小测验，从而保证她所预期的教学目标得到很好的实现，但是这样的小测验要有很强的针对性，一定要限定于名称课程所引起的注意力范围之内。

做这种小测验的目的，是测试名称和物体是否在孩子们的头脑中保持联系。这要求教师事先要考虑到孩子对物体和名称所产生的遗忘时间，要让测试和课程之间有一个安静而短暂的间隔。过一段时间后，教师再清楚而缓慢地说出她所教过的名称或形容词，她可以这样问孩子：“哪一个是光滑的？哪一个是粗糙的？”也就是我们所说的，回头温习一遍，以加强孩子的记忆。

孩子们听到后，会用手指着物体说出他认为的“哪个是光滑的、哪个是粗糙的”，教师就能知道物体和名称是否在孩子大脑中建立起了联系。如果孩子回答错了，教师不要急于纠正，应该暂停课程，过些天再继续教孩子进行物体与名称的练习。为什么不当时纠正呢？这是因为孩子们在建立名称和物体的联系失败后，唯一能够继续的方式就是重复课程。但是，作为教师应该明白，当孩子建立联系失败时，说明那个时候他正好不在状态，不适合去建立起我们所希望他能够做到的那种心理联系。因此，我们必须选择另外的时间，对孩子进行重新建立。

如果一定要纠正的话，千万不要用斥责的方式说“不对，你错了”等之类的话，这类话会伤害孩子的自尊心，打击孩子的积极性。这种斥责会长时间保留在孩子的头脑中，同时也会产生条件反射，只要一听到物体和名称，他们就会产生逃避心理，这就严重阻碍了孩子的学习。相反，孩子们发生识别错误后，教师应该首先让孩子保持安静，不对孩子的正确与否进行点评，这样就能够使孩子的意识保持清晰，以保证其他的课程能够继续下去。事实上，指出孩子的错误需要艺术性，教师直接说出孩子的错误，导致孩子在记忆过程中进行大量无效的努力，从而使孩子对自己产生不信任，降低学习的积极性。作为教师正确的做法是，尽最大可能去避免孩子无用的努力和压抑。

第三，如果孩子们未犯错误，教师可以激发他们与物体的观念相对应的神经活动，让孩子们说出名称或形容词。教师可以这样问："这是什么？"孩子们回答："光滑。"这时教师可以打断他们，教他们怎样清晰正确发音。首先，让孩子深吸一口气，接着大声说出"光滑"。当孩子按照老师的方法做时，教师需要指出孩子发音是否正确，哪里有缺陷，或指出他所习惯的某种特殊的婴儿口音错误。

关于孩子们对已经接受的概念的推广，换句话说，就是把这些概念应用到他们周围的环境中去，我认为没有必要进行这种意义上的教学，例如那些耗时的课程，孩子们接触到几次事物后，或者只是接触了光滑和粗糙的卡片之后，他们就可以自发地去触摸各种物体的表面，重复说："光滑，粗糙，这是天鹅绒。"对于一般孩子来说，我们需要耐心等待这种对周围环境的自发观察。我喜欢把它称为"探索精神的自然膨胀"。在这种情况下，孩子的每一次新发现，都是一种快乐。在快乐中，他们感受到了尊严和满足，这种尊严和满足会鼓励他们从周围的环境中去寻找新的感觉刺激，使孩子们成为自发的观察者。

教师还要怀着莫大的关怀对孩子进行观察，观察他们在什么时间实现了这种概念的推广。比如有一天，一位4岁的小孩在庭院里面跑着跑着突然停下，站住不动，喊道："哦！快看呀，天是蓝色的！"并且站在那里久久仰望蓝色的天空。

一天，当我正走进一所"儿童之家"时，一群五六岁的孩子正静静地走过来，他们开始轻轻摸我的手和衣服，说道："这是光滑的，这是天鹅绒的，这是粗糙的。"其他孩子也走过来重复这些词，并且也像刚才的那些孩子一样，重复那些同样的动作。这时，老师看到后，想要过来干预孩子的行为，帮我解围，我示意老师站在那里保持安静，我自己也没有动，而是同样站在那里保持着安静，对于这些孩子自觉的智力性活动，我给予赞赏和肯定。我们的教育方法最成功之处是：为孩子带来自觉的进步。

有一天，我们进行了设计练习后，一个孩子开始认真地用彩色铅笔给树的轮廓线填色。画树干时，他拿起红色蜡笔。老师看到后，想要阻止他，意思是："你把树干画成红色的，难道树干是红色的吗？"我看到后，阻止了那名老师的行为，让孩子把树干画成红色。孩子的这种举动，对我们来说非常珍贵，它表明孩子目前还不是自身周围环境的观察者。对待这件事情，我的做法是鼓励孩子玩色觉游戏。于是，这个孩子每天都要在花园里和其他小孩一起玩耍，任何时候他都能看到树干。色觉练习应当能够吸引孩子们对于颜色的自觉性注意力，这个孩子就会注意到树干不是红色的，就像其他的孩子在玩耍时注意到天空是蓝色的一样。后来，老师又给这位孩子一张树的图画，让他填色。终于有一次他选择了棕色的蜡笔去画树干，并且用绿色的蜡笔画叶子和树枝。再后来，他把树枝也画成棕色，而只把叶子涂成绿色。

本章小结

蒙氏养育观点

蒙氏教具是蒙台梭利教育方法的重要一环：教具能够控制错误的出现，孩子在用教具进行练习时就能感受得到这一点；孩子在教具的指引下，不断纠正出现的错误，并最终获得成功；不是老师让孩子知道错误出现在哪里，而是孩子通过自己的努力实践发现错误，并进行纠正，是孩子自己智力劳动的成果。孩子就是这样进行了自我教育。

这些教具的共同特征大概可以总结为三点：

- 教具要有一致性识别，即相似的物体可以配对，或者物体能插入适合的位置中。
- 教具有对比性识别，即物体可对立区分。
- 相似物体的区分。

孩子在经过观察、比较和分析之后，形成自己的判断，将所观察到的物体与脑中已经建立起来的物体概念相联系，并按照名称进行准确分类。孩子在不停探索着世界，获得了独特的印象和深刻的体验，并在这一过程中感受到极大的乐趣。他们将原本看起来杂乱无章的世界分门别类，使之变得有条理、有章法，并得到了很多知识。

□在众多教学用具中，最能吸引2岁半到3岁孩子注意力的教具有3件，就是3套木制的立体插件。每套插件由10个小圆柱体组成，每个小圆柱体上都有一个圆顶小把手。

□孩子抚摸布料，可以从粗糙的棉布到细滑的丝绸，可以让孩子根据布料的精细和光滑程度采取相应的用力抚摸或者轻柔抚摸来感受布料。

□3岁到3岁半的孩子对练习十分感兴趣，重复练习40多次仍然兴趣盎然。

□让孩子做颜色深浅度的练习，感觉每种颜色的不同色度之间的细微差别，锻炼孩子的观察力。

□孩子通过对物质的触摸以理解和感受物体的形状这一练习，不只是通过教具才能进行，实际上，孩子周围的一切物体和环境都可以成为触摸练习的教具和场所。

□通用的“直观”教学法把某物展示出来，并且记下它的所有特征。它不是通过想象来进行描述，需要人的感官进行参与。这样做的目的，是让某个事物与其他事物的不同特征能更好地被记住。

第 5 章

合理的饮食安排

MONTESSORI BRINGING UP
YOUR 3 YEARS OLD
CHILD

儿童需要的食物，必须适合儿童的体质。幼儿饮食的基本点是脂肪和糖分。脂肪可以给儿童的有机体储备物质营养，糖分则可以在儿童有机体组织的形成过程中起到促进增长的作用。

·1·

儿童的膳食分配

怎样准备儿童的食品

调制儿童食品时，应该把营养食品制作成小细块，因为儿童的咀嚼能力还没完全发育好，肠胃消化食物的能力同样没有完全形成。因此，汤、菜泥和肉丸是儿童饮食中的常备菜肴。

牛奶和鸡蛋最适合2～3岁的儿童，这些食物含有丰富的蛋白质。同时，水果对儿童来说也是很好的营养食品。

下面我具体介绍一下怎样准备儿童的食品，这对孩子的母亲们非常有用。

幼儿食用的肉汤

适合年龄段为3～6岁，稍大的孩子可以吃一些普通的肉汤。

按1克肉加1毫升汤的比例，把肉放到冷水中，不加任何香料，盐要适量。把肉煮2小时，撇去浮在表面的油，添加黄油。如果没有黄油，可以用橄榄油代替，忌用人造黄油。肉汤现做现吃，这样比较新鲜。饭前2小时把汤炖在火上，因为汤凉了，化学物质就开始分解，对孩子有害，容易引起腹泻。

汤

这里推荐一种很容易做而且对儿童非常有好处的汤。用盐水或肉汤煮面包，在里面多加些油进行调味，它的营养成分十分均衡。与此类似的，可以用黄油、烤面包丁做成汤，可以把面包丁泡入黄油肉汤里。

通心面条

最好用黏性较强的通心面，因为它比其他食品更容易消化。

也可以用面包渣做肉汤，这比肉汁的干粗粉面条汤要好得多，因为干粗粉面条汤幼儿最不容易消化。

最适合儿童食用的汤，当数用蔬菜泥（蚕豆、豌豆和扁豆等）做成的汤。目前在商店里都能够买到适合做这种汤的蔬菜。先把相关的食材放入盐水中煮烂、去皮，冷却后过滤。也可以在去皮后直接挤去水分，然后添加上黄油，慢慢搅拌成泥，注入开水，注意搅散不使其结块。

我极力推荐孩子吃肉汤或牛奶熬成的大米粥，或者吃添加有黄油（不是乳酪）的玉米粥。但值得注意的是，玉米粥应该熬烂。

当然，喝面包煮汤和添加有油的米粥，也同样对孩子的成长有好处。

牛奶和鸡蛋

这些食物含有大量容易消化的蛋白质，还含有促进机体组织吸收的酶，所以这类食物特别有利于孩子的生长。如果食物保持新鲜，营养没有损坏，那么就更加容易被吸收了。

所以，“儿童之家”目前正在建立供应儿童需要的特殊奶场，整个环节实行无菌生产。奶牛的生活环境也非常清洁。挤奶前，奶头、挤奶员的手和盛奶容器都经过严格的消毒，最后还要对容器进行密封。如果需要远程运输的话，挤奶后立刻对奶进行冷藏。

鸡蛋也是如此。给小孩吃的鸡蛋最好是鸡刚产下的蛋，等孩子吃完后，让孩子到室外活动，有利于鸡蛋的消化。

肉类

严格地说，各种肉类都不适于小孩食用，即使是按照孩子的年龄来准备不同的制作方法也不适宜。例如，3～5岁的孩子只能吃少量的绞得很碎的瘦肉，5岁的孩子可以完全用牙齿把肉嚼烂。但是，我们应当教孩子如何细嚼慢咽，因为孩子喜欢囫囵吞食，这样可能会引起消化不良和腹泻。

这就是“儿童之家”为什么提倡集体膳食的原因。这样，孩子的饮食可以得到合理的照料，并且能和“儿童之家”的教育体系相联系。

最适宜儿童食用的是新鲜的嫩肉，鸡肉是首选，其次是嫩牛肉和容易消化的鱼肉（鲽鱼、梭子鱼和鳕鱼）。

应该根据不同年龄选择膳食

4岁以后，孩子的食谱里可以有牛肉片，但不要吃不容易消化和含脂肪太多的肉，例如猪肉、阉鸡、鳗鱼、金枪鱼等。儿童食谱中一定不要出现软体类和甲壳类的食物，例如牡蛎、龙虾等。

用瘦肉糜、面包渣、牛奶和鸡蛋做成肉丸，放入黄油中炸，也是适合儿童食用的健康食物。另外一种很好的食物是肉糜、水果蜜饯加鸡蛋和白糖搅拌后做成丸子。

5岁的孩子能够吃烤鸡脯肉，偶尔也能够适量吃一点儿用嫩牛肉制成的烤肉饼和一般的烤牛肉片。

尽量不要给孩子吃煮的肉，煮肉会失去多种营养，而且还不容易消化。

补脑食品

4岁以后，孩子除了吃肉以外，还可以吃脑髓，牛、羊内脏以及鸡肉等炸成的肉饼。

牛奶蛋糕

牛奶蛋糕应当现吃现做，一定要选用新鲜的牛奶和鸡蛋。如果没有这样的条件，最好不要做。

面包

从上面各种汤食的制备中可以看到，面包对儿童来说是一种不错的营养食品。但也应该有所选择，因为面包屑不太容易消化，但可以让它干后做成面包肉汤。倘若只是给孩子吃面包，那么最好给孩子吃面包皮或一条面包的两端，这样有利于孩子肠胃的吸收。如果经济能力允许，要经常给孩子吃面包，因为面包是一种上等的营养食品。

面包里有多种含氮物质，淀粉含量也很丰富，唯一不足的是缺少脂肪。我们知道，饮食的3种基本成分是：蛋白质（含氮物质）、糖分（淀粉）和脂肪。由于面包缺少脂肪，因此在给孩子吃面包时，要给面包涂上黄油，这样面包里的营养成分就均衡了。所以说，黄油面包用来做早餐是一种很好的食品。

绿色蔬菜

特别要提醒广大家长，儿童不宜吃生蔬菜，如沙拉、绿叶植物等，必须煮熟吃。用土豆做土豆泥，多加点儿黄油，是不错的辅助营养食品。

水果

对儿童而言，并不是所有水果都适合儿童食用，也就是说，只有一部分水果比较适宜儿童食用。就像牛奶和鸡蛋一样，倘若水果是新采摘的，更有助于营养物质的吸收。

可是，一般城市里不容易买到新鲜的水果。因此即便不是特别新鲜的水果，不妨也可以考虑让孩子食用。但不是所有的水果都适合孩子，在选择时应该考虑水果的成熟度、果肉的硬度、甜度和酸度等情况。桃、杏、葡萄、黑醋栗、橘子和柑子等适合生食，对孩子的成长有好处。其他水果，例如梨、苹果、李子等应该煮熟或制成果酱给孩子食用。

无花果、菠萝、海枣、瓜类、樱桃、核桃、杏仁、榛子以及栗子等，不太适宜儿童食用。

在准备给孩子吃水果时，必须清除掉不易消化的部分，例如果皮。还有的部分可能被孩子咽下而产生危险，所以在吃前也应当去掉，例如果核。

4～5岁的孩子，应该教会他们削果皮和去果核。可以慢慢试着给孩子一个水果，让他们自己学会怎样吃。如果他们在吃的过程中出现不当行为，这个时候，作为监护人要及时提醒，告诉孩子消毒、去皮、去核等相关知识。

除了煮食外，水果还可以制成果酱和果冻。果酱和果冻味道都很好，儿童可以食用。但如果是果脯之类的，建议不要让孩子食用。

调味品

儿童的饮食卫生中要严格限用调味品。前面我已经指出，儿童食物中的主要调味品是糖、油类和食盐。此外，可以适当添加一点儿有机酸（醋酸、柠檬酸），即醋和柠檬汁。柠檬汁适用于调制鱼类、炸肉饼和菠菜等。

芳烃类蔬菜，如蒜、芸香等其他调味品，也适合儿童食用，这些调味品能杀灭肠道和肺内的细菌，并有驱肠虫作用。

但胡椒、豆蔻、桂皮、丁香，特别是芥末，应禁止儿童食用，这些调味品不利于儿童的健康成长。

饮料

儿童在成长过程中，需要大量的水分，因此监护人每天要给儿童提供充足的水分。饮料中最好的补充水分的饮用品是新鲜纯净的矿泉水。

众所周知，发酵型饮料有刺激神经、引起兴奋的功效，这样的饮用品对儿童有害，应避免孩子喝这样的饮料。酒类和咖啡型的饮料，儿童要绝对禁止饮用。酒对儿童身体的危害作用很大，不仅会抑制发育（导致幼稚症、痴呆症），还可以引起神经系统疾病（癫痫、脑膜炎）、消化器官疾病和新陈代谢疾病（肝硬化、消化不良、贫血）。茶水最好也别让孩子喝。

大麦和麦芽炒制后用水煮，适合儿童饮用。

膳食分配是儿童饮食中很重要的一个问题，其中一条原则就是孩子的饮食必须严格定时，这样可以保证孩子消化良好，保持身体健康。这个原则必须在监护人中得到推广和普及。

·2·

孩子的饮食必须严格定时

每日饮食时间安排

有一种偏见在人们当中流行（那是对孩子最有害的愚蠢的母爱），很多人认为，要想使孩子健康成长，就得不断地给孩子吃食物。我们无论是在大街上、马路旁还是休息场所，经常看到孩子习惯性地随时随地啃着面包或别的什么食物，他们的饮食简直毫无规律。可是大家想过没有，孩子的消化系统还很脆弱，毫无节制的饮食极有可能损害孩子的消化系统，因此儿童比成年人更加需要节制饮食。我认为，“儿童之家”把学日延长，对孩子的培养极为有利，这样可以有效地指导孩子的饮食。孩子们需要在规定的时间内进餐，其他时间不许吃零食。

“儿童之家”每天会供应两餐，主餐在中午，下午4点左右有一次点心。主餐有汤、荤菜和面包。

下午4点的餐食包括面包夹果酱（或黄油面包）、巧克力、蜂蜜、乳蛋糕等，薄脆饼干、软烤饼、煮水果等也可以。最合适的点心应该是牛奶泡面包，或者是煮鸡蛋加面包卷，也可以是一杯牛奶加一勺麦林粉。麦林粉易消化，营养丰富，可口味美，它不仅适合婴幼儿，同样也适合较大的儿童。

麦林粉的主要原料是大麦面和小麦面，这两种面粉含有人体必需的丰富的营养成分。食用时，把麦林粉溶解于热水，添加一些新鲜的鲜牛奶即可食用。

早餐和晚餐，孩子可以在自己家里吃。晚餐要少吃，因为晚餐不久，孩子就要睡眠，倘若吃得太多，孩子不运动，不利于消化，会影响孩子的健康。我们应当向孩子的母亲建议怎样给孩子们进餐，让她们配合“儿童之家”的保健工作，这样才有利于孩子的健康。

儿童饮食的特别建议

膳食分配是儿童饮食中很重要的一个问题，其中一条原则就是孩子的饮食必须严格定时，这样可以保证孩子消化良好，保持身体健康。这个原则必须在监护人中得到推广和普及。

早餐可以喝牛奶，或者牛奶加麦芽糖和饼干，吃抹黄油或蜂蜜的烤面包则更好。也可以喝一杯新鲜的牛奶，外加适量的面包。

晚餐时，建议餐桌上有一道汤菜（孩子一天应喝两次汤）、一个煮鸡蛋或一杯牛奶，或者加牛奶的大米粥、黄油面包、煮水果等。

关于食物营养成分的比例计算，实际上用处不是太大。建议父母们可以参阅有关保健的文章。

对于建立在贫穷地区的“儿童之家”，建议给孩子多喝蔬菜汤。贫穷地区的“儿童之家”还应该有自己的蔬菜种植园，园里尽可能多地栽种供食用的蔬菜，这样可以现摘现用。如果条件允许，可以种一些果树，这样孩子们就可以吃到干净新鲜的水果。当然，要是有饲养场地那就更好了，可以饲养一些家畜、家禽，以便得到鲜奶和鲜蛋。山羊奶可以让年龄较大的孩子来挤，但前提是要把手洗干净。“儿童之家”的饮食安排还可以和“生活实践练习”联系到一起，给孩子们提供一些具有重要教育意义的练习。例如准备饭桌、铺桌布、学习使用各种物品和记住一些食物的名称等。关于这一点，以后我会专门介绍怎样提高这种练习的难度，并逐渐形成一套重要而实用的教学用具。

这里还要特别指明的是，孩子进餐时，必须教会他们如何保持清洁。既要保持个人清洁，也要保持公共环境的卫生（比如不要把餐巾弄脏等）。

有些儿童对食物表现出过于“谦让”的态度，这也是一种心理失调的表现。

·3·

孩子不好好吃饭的原因

有些儿童对食物表现出过于“谦让”的态度，这也是一种心理失调的表现。这种儿童往往对食物表现出明显的、无法抑制的厌恶。许多儿童拒绝吃任何东西，而且态度非常坚决，这给他的家庭生活和住校生活都造成了很大的困难。这种情况在专为贫穷、弱小的儿童开设的教育机构中表现得尤其突出。很多家长对待这样孩子的办法，就是让他们在愿意吃的时候尽量吃饱。但是，这些孩子由于对食物缺乏兴趣，通常会陷入一种抵制状态。

儿童抵制食物的原因

儿童对进食的抵制并不是因为缺乏食欲，他们拒绝吃东西有可能是心理失调引起的。某些时候，孩子抵制食物很可能是因为他们身体的自我保护机制在起作用。例如，一个成人想让孩子吃得快一点儿，但孩子有他自己的进食节奏，就会拒绝接受成人的节奏。儿科医生已经证实了这个观点，他们发现，儿童并不会立刻把他们想吃的东西都吃完，而是会在吃到一半时停下相当长的一段时间，然后再继续吃。

哺乳期的婴儿身上也可以发现同样的情况，他们在吃饱之前会停下来不再吮吸，只是由于他们要休息一下，然后他们会再以一种缓慢的、间歇的节奏继续吃奶。所以，儿童拒绝吃东西，也许不过是一种自我保护的方式，儿童要以此来向强迫他们改变进食节奏的成人表示反抗。

缺乏食欲

还有一种情况，我们必须区别对待，并单独去寻找原因。这类儿童长时间缺乏食欲，他们脸色异常苍白，缺乏接触户外新鲜空气的机会，也许只有阳光和海边的环境能治疗他们长期的食欲不振。可是，进一步的调查让我们发现，在这些孩子身边，往往有一个他们极端依赖的成人，他们的行为完全被这个成人所支配。只有一个方法可以治愈这些孩子，就是让这个成人离开孩子，并给孩子提供一个可以自由发挥他们主动性的环境。

贪食是心理失调的表现

心理失调会引起多种问题，甚至某些表面看起来跟它不相关的身体功能也会受到影响而发挥失常。比如，儿童常患的消化不良，就是孩子贪食引起的。一个强健活泼的孩子食欲往往非常旺盛，成人很难控制它，而且还通常认为这是食欲良好的表现。但其实孩子很容易因此而生病，甚至需要到医院接受治疗。

很早以前，贪食就被认为是一种恶习。它给机体带来的损害远远大于益处，将导致机体控制进食量的敏感性退化。所有的动物都具有这样一种敏感性，可以促进机体对食物的欲望，也可以限制进食量，这是对健康的一种本能的自我保护。实际上，这种本能保护包括两个方面的内容：一方面它与动物生活的环境有关，可以引导动物避开环境中潜在的危险；另一方面它与机体自身相关，关系到进食。动物凭借这种本能，去摄取适合、适量的食物。

只有人类才会染上贪食的恶习，盲目地吃下过多甚至有害的食物。因此，我们可以说，当人们出现心理失调时，就有可能失去对自身健康保护的敏感性。我们看到，这些因心理失调而导致饮食习惯失衡的孩子，一看到食物就被深深吸引住，他们只是凭借自己的味觉来选择食物，他们身体的自我保护本能——这种与生命息息相关的内在力量，已经被削弱甚至完全消失了。

在我们的学校里，使儿童恢复正常化最令人感到惊奇的事情之一，就是调节儿童失调的心理，让他们回归正常的状态，他们就不再贪吃了。这些孩子在吃饭时，开始将注意力放在正确的吃饭姿势上，尤其是年龄较小的孩子，他们把时间全花在正确地铺餐巾，摆放刀、叉、匙，并努力尝试合理规范地使用餐具上。还有一些孩子，他们会去帮助年龄更小的伙伴。有时候，一些孩子将心思都放在这些细节上，以致面前可口的食物变凉了他们都没发觉。一些没有被选中帮忙上菜的孩子，就会表现出不太高兴的情绪，因为“他们也想去帮忙上菜，却发现自己只被安排了吃饭这项最轻松的工作”。

托马斯·阿奎那曾指出贪食和智力之间的关系，他认为，贪食会减弱一个人的判断力，使这个人不能正确地认识现实。其实，贪食和判断力之间的因果关系恰好与之相反，是心理失调引起了贪吃。

·4·

心理因素会影响儿童进食

贪食是出于人类的“死亡本能”

基督教认为，贪食会使人的心灵走入迷途，并把它列为七大原罪之一。心理学家也进一步证实：贪食会削弱我们自我保护的能力。而现代科学采用了另一个角度对此进行解释，把它称为“死亡本能”。也就是说，人有一种帮助和促进死亡的自然倾向，甚至会加速而最终导致自杀。有些人在变得失落绝望后，会依靠酒精、鸦片和海洛因等毒品来麻痹自己，他们不是在努力地拯救自己的生命，而是在潜意识中希望自己死亡，并自己一步一步走向死亡。这不正表明人体内部所拥有的一种重要的自我保护敏感性退化了吗？如果这种死亡的“倾向”跟不可避免的死亡有关系，那么我们就应该在所有的动物身上都能找到这种表现。可是事实并不是这样的，只有人类才会发生这种自我保护敏感性的退化。

所以，我们应该意识到，也许每一种心理失调都有可能将人引向死亡。这种可怕的“死亡倾向”可能在儿童很小的时候就隐秘地存在着。

饮食和疾病相互影响

人的身体和心理具有紧密的联系，因此，我们在出现身体异常时，总是能找到引发疾病的心理原因，而不正常的饮食又会导致疾病恶化。有时候，一个人机体上有生病的表现，实际上他的病却来自心理失调，可以说他的病是自己想象出来的。

心理学家为我们研究这一现象提供了一个新的视角，他们提出，人们或许是为了逃避，想在生病时找到一个庇护所，才将自己的病想象出来。这种逃避是有一定原因的，当一个人潜意识的心理失调支配了生理机制时，就有可能导致他出现体温偏高、功能不正常甚至更为严重的病症，但是其实他们并没有真的生病。于是，借助这些疾病表现，这个人就能够摆脱某些不愉快的处境或职责。这时，他们会抵制治疗疾病，而当他们脱离了令其困扰的处境时，疾病自然就消失了。

儿童也是如此。很多儿童生病也是因为陷入了不愉快的境地、不情愿的职责中，当他们被安置在一个能够进行正常生活和自由活动的环境中时，他们的许多疾病症状就会像那些道德上的缺陷一样自然地消失。现在，许多儿科专家把我们学校视为“健康之家”，将身患功能性疾病、一般治疗无效的儿童送到我们学校中来，并在这里取得了令人惊喜的治疗效果。

本章小结

蒙氏养育观点

调制儿童食品时，应该把营养食品制作成小细块，因为儿童的咀嚼能力还没完全发育好，肠胃消化食物的能力同样没有完全形成。孩子的饮食必须严格定时，这样可以保证孩子消化良好，保持身体健康。孩子们应该在规定的时间内进餐，其他时间不许吃零食。

孩子抵制食物很可能是因为他们身体的自我保护机制在起作用。例如，一个成人想让孩子吃得快一点儿，但孩子有他自己的进食节奏，就会拒绝接受成人的节奏。

贪食会减弱一个人的判断力，使这个人不能正确地认识现实。其实，贪食和判断力之间的因果关系恰好与之相反，是心理失调引起了贪吃。调节儿童失调的心理，让他们回归正常的状态，他们就不再贪吃了。

□ 我们应当教孩子如何细嚼慢咽，因为孩子喜欢囫囵吞食，这样可能引起消化不良和腹泻。

□ 最适宜儿童食用的是新鲜的嫩肉，鸡肉是首选，其次是嫩牛肉和容易消化的鱼肉。

□ 孩子进餐时，必须要教会他们如何保持清洁。既要保持个人清洁，也要保持公共环境的卫生（比如，不要把餐巾弄脏等）。

□ 有时候，一个人机体上有生病的表现，实际上他的病却来自心理失调，可以说他的病是自己想像出来的。

第 6 章

选择幼儿园

MONTESSORI BRINGING UP
YOUR 3 YEARS OLD
CHILD

为儿童提供可以自由活动的场所，有利于他们进行自我训练，并寻求自身的发展，它是让一个儿童成为人的重要条件，也是一个人形成独特而又复杂个性的重要因素。

·1·

幼儿园是孩子自由发展的“家”

成人的环境对儿童来说并不适宜

为了配合儿童的“工作”，我们应该为他们准备一个适宜的环境，就像我们会为小鸟在鸟笼里放置一些树枝一样，这样就可以让儿童自由地发挥出模仿和活动的本能。在儿童的生活环境中，为他们配置的设施和用具应该同他们的身高和力量大小相适应。比如，家具要轻便，易于搬动；食品柜要低一些，让孩子能用手臂够得到；锁要容易使用；柜子上要带小脚轮；门要轻便并容易开关；在墙上高度适中的位置钉上衣夹；供孩子使用的刷子是他们的小手能抓得住的；肥皂块的大小要合适；脸盆的大小要适合儿童盛水和倒水；扫帚要用圆柄的，要轻巧；衣服要便于穿脱。这就是我们所说的能够刺激孩子自发活动的环境。在这种环境当中，儿童能够在没有疲劳感的状态下一步步完善自身动作的协调性，并且形成人所特有的优雅与灵巧。

为儿童提供可以自由活动的场所，有利于他们进行自我训练，并寻求自身的发展，它是让一个儿童成为人的重要条件，也是一个人形成独特而又复杂个性的重要因素。儿童的社会意识也是在与其他可以自由活动的儿童共处的过程中形成的。当儿童对自己所做的一切感到满足及能够保护和控制周围的环境时，他的意识就得到了升华。在发展自己个性与意识的过程当中，儿童还培养了自己坚持履行任务的意志和品质，而在兢兢业业地完成任务的同时，他们会得到一种理性的快乐。在这种环境之中，儿童会自觉自愿地坚持努力工作，在工作中不仅让自己的精神越来越健全，生理器官也会得以成长发育并日益强壮起来。

儿童只有生活在一个不受约束的环境中，即在一个与他们的年龄相适应的环境中，才能使他们的心理生活自然而然地获得发展，并展现他们内心的秘密。

我们必须承认一个重要的事实：儿童拥有心理生活。由于他们的心理活动是以一种难以觉察的形式展示出来的，所以并没有引起成人的注意，而且成人也会在无意识的情况下干扰儿童的活动方式。

成人的环境对儿童来说并不适宜，其中潜藏着一些儿童不得不多加小心的障碍。这样的环境会使儿童感到别扭，容易受成人的暗示。儿童心理学和儿童教育学都是从成人的角度而不是从儿童的角度对儿童进行研究的，因此我们也必须重新审查其结论。正如我们所看到的，儿童每个不同寻常的反应，都为我们提出了一个亟待解决的问题。他们每次发脾气都是某种顽固矛盾的外部表现。我们不应仅坚定地将这种矛盾解释为儿童对有害环境的自我防卫，而应将其理解为一种寻求自我表现的更惊人的示威活动。发脾气就像一场暴风雨，它会使儿童的内心无法真实展现出来，而是深深掩藏了起来。

很明显，所有这些伪装都把儿童的真实内心掩藏起来了。固执、抗争和扭曲的表现掩盖了儿童为寻求自我实现所做的努力。这些令人担心的内心的外部表现，使儿童无法展示自己的真实个性，掩盖了儿童早期的心理发展进程。儿童早期心理发展进程有着明确的发展计划。在这些外在表现的背后，还隐藏着未被发掘的“儿童的秘密”。因此，儿童必须获得解放。教育所面临的最紧迫的任务，就是去真正地认识儿童，并把他们从所有的束缚中解救出来。

在对成人进行的心理分析和对尚未被认识的儿童进行心理研究之间，存在着一个根本性的差异，就是成人潜意识的秘密会成为某种约束他们的事物，而儿童的秘密则在于其所处的环境。因此，要想帮助一个成人，我们就必须解除他在漫长生活中形成的复杂的适应障碍；而要想帮助一个儿童，我们则必须为他提供一个能让他自由发展的环境。儿童正处于自我实现的阶段，我们为儿童打开这扇“门”是很容易的。实际上，儿童正处于自我创造的阶段，也就是正在经历由不存在到存在、由潜能到实现这一过程。处于这一时期的儿童并不复杂，因为他们拥有与日俱增的能力，他们在展示自我时是不会遇到过于严重的困难的。

儿童需要生活在与自己年龄相适应的环境中

儿童只有生活在一个不受约束的环境中，即在一个与他们的年龄相适应的环境中，才能使他们的心理生活自然而然地获得发展，并展现他们内心的秘密。如果不坚持这条准则，未来的教育就只会使儿童陷入更深的混乱中。

我们所倡导的新教育的根本目标，就是认识并解放儿童。而与之相关的首要问题，则是如何让儿童幸福地生活。其次是随着儿童日趋成熟，为他们提供必要的帮助。这意味着我们必须为儿童提供适宜的环境，将环境中不利于儿童成长的障碍降到最低限度，为发展儿童的能力提供锻炼、活动的场所。

由于成人也是儿童环境的一部分，他们也应该让自己适应儿童的需要。他们不应是儿童独立活动的障碍，也不应代替儿童完成那些能促进儿童迈向成熟的事情。我们教育系统的最大特点就是强调环境对儿童的重要性。

在我们的“儿童之家”中，教师的作用值得关注和探讨，我们要求教师必须清除那些由于他们的活动和权威而带给儿童的“障碍”。这样，儿童自己就会变得积极、充满活力。这样，教师也能高兴地看到儿童可以自由活动和他们取得的进步。对教师来说，这样做本身并没有增加什么工作，他们可能是受了《圣经》中施洗约翰的引导：“他必增加，我必减少。”

学校应该成为孩子自由自在生活的地方，孩子既能够在这里享受内在发育方面潜在的和精神上的自由，又可以使自身在生理、生长到机体活动上都能够在这里找到“成长和发育的最好条件”。

·2·

自由的学校，自由的儿童

学校应是孩子自由自在生活的地方

我认为，要实现新式教育，不仅要改变教师的职能，还必须改变学校的环境。如果只是在普通的学校里引进“新式教材”，那根本不能带来全面的革新。这些学校不光要引入能够促进儿童提高生活质量的生理卫生学，还要对儿童的服装进行普及和改革，让新式的服装符合整洁、简朴又便于自由活动的要求，而且还能让儿童学会自己穿戴。我认为，还要有一项革新，那就是最适于在学校实践和普及的与营养有关的幼儿卫生学。上述的原则特别适合那些“楼内学校”，学生的父母可以住在这里，有些像最初的“儿童之家”。

房间的特殊要求

在自由的学校里，房间也应有些特殊的要求：

- 根据心理卫生学的标准，我们大大增加了教室的面积；
- 以生理呼吸的需要为依据，用求容积法计算得出自由流通所需的空气量和相应的空间大小；
- 增加厕所的面积，还另外配备洗澡的房间；
- 装上了混凝土地板和可以清洗的护壁板，同时配有中央暖气系统；
- 提供饭食；
- 设有花园和宽敞的阳台；
- 将窗户改装得较为宽大，使光线得以进入；
- 设有体育馆，里面有宽敞的大厅和价格昂贵、结构复杂的设备；
- 最复杂的就是课桌，我们提供的课桌，其座椅和桌子都能自动地旋转，从而防止儿童因为过于频繁的重复运动或者长时间固定不动而造成畸形。

总之，这样的学校正在应用心理卫生学的知识，它能为儿童提供更大的自由活动的空间。不只是这样，如果要达到完美的理想境地，还应该为孩子们提供一个“心理教室”，这个“心理教室”比“生理教室”要大两倍。根据我们的经验，要让人感觉舒适，就一定要让房间的地面有一半是空着的，不要摆放任何东西，这就是令孩子们愉快的、可以自由活动的空间，孩子们在这里肯定要比在一个布满家具的中等大小的房间里感觉舒服得多。

特殊的分班方式

有些老师不知道我们的学校是如何培养孩子们的社会行为的，认为我们学校使用的是学术方法而不是社会方法。他们可能会提出这样的异议：“如果所有儿童都各行其是，那社会生活将变成什么样？”但是，如果我们连社会问题都无法解决，又谈什么社会生活呢？如果我们连社会问题都无法解决，又如何能让儿童的行为正常，保证他们所追求的目标不会影响到大众呢？对于这些老师来说，儿童的社会生活就是有秩序地坐在一起听别人讲话。然而，事实却正好相反。

在普通的学校，只有游戏和旅游才能称得上真正的社会生活。而我们的孩子总是生活在一个活跃的集体之中。当班级里的人足够多时，孩子们的各种不同性格就会清楚地显现出来，他们才能获得更多的经验；如果班级人数过少，孩子们就很难获得这样的经验。要知道，完善是通过社会生活得到的。

这些孩子又是以什么样的方式组合到一起的呢？他们是随机组合的，当然也要经过一定的筛选。在这个环境中生活的孩子处于同一个年龄段，比如3～6岁，但是他们的具体年龄不同。除了有些年龄较大的孩子由于智力问题而留级外，这种分班方式在普通的学校并不多见。我们的组合方式以年龄为基础，只有很少的普通学校采取这种垂直的分班方式。

我们学校的老师曾建议在一个班级中安排年龄相同的孩子，但实践证明这种安排存在着很大的问题。这与家庭是一样的，一个有6个不同年龄孩子的妈妈会发现，应付这6个孩子是比较容易的。但是，如果这个妈妈的6个孩子中有一对是双胞胎，那问题就会麻烦得多。想一想，这两个孩子总是要同样的东西，这该多么令妈妈烦恼呀！有6个不同年龄孩子的妈妈会比只有一个孩子的妈妈更轻松一些。一个孩子比较难以应付，不是因为他们烦人，而是因为他们缺少伙伴。父母总觉得养育第一个孩子比养育第二个孩子困难，他们认为这是因为自己缺少经验，事实上却是因为第二个孩子有了伙伴而已。

我们可以接触到不同的人是社会生活的魅力所在。可想而知，“老年之家”肯定是非常无聊的。把人按照年龄分隔开是一件非常冷酷而又不符合人性的做法。对于儿童也是一样。这种做法会打断社会生活之间的联系，使人与人之间失去互相学习的机会。

大多数学校首先会按照性别分班，然后按照年龄分班。这是一种非常严重的错误做法，而且是很多问题的根源。这是一种人为方式的隔离，会严重阻碍社会意识的发展。在我们的学校里，我们会把性别不同的孩子安排在一起。当然，把男孩和女孩安排在一起实际上并不是最重要的分班方式。将不同年龄的孩子安排在一个班级里才是最重要的分班方式。

在我们的学校里，不同年龄的孩子常常会互相帮助：年龄小的孩子会观察年龄大的孩子的行为，并会请求年龄大的孩子给他们讲解一些东西，而年龄大的孩子也非常愿意这样做。这种讲解具有重要意义。因为5岁孩子与3岁孩子的思想比成人与3岁孩子的思想要接近得多，孩子学习起来也更容易一些。在不同年龄的孩子之间存在着一种交流与和谐，这是很难在成人与孩子之间实现的。

对于一个3岁的孩子来说，有很多事情是老师无法向他传授的，而一个5岁的孩子却能轻易做到。3岁孩子与5岁孩子之间存在着一种自然的心理联系。3岁的孩子可能会对5岁孩子做的事情感兴趣，因为5岁孩子能做到的事情与他们的能力相差不远。这些大孩子可能就成为小孩子心目中的英雄或老师，令他们钦佩不已。年龄小的孩子受年龄大的孩子的激发，会模仿大孩子所做的事情。

而在其他类型的学校中，孩子们几乎都处于同样的年龄。聪明一点儿的孩子也许能够教其他的孩子，但一般老师都不会允许这种情况发生。这些比较聪明的孩子唯一能做的，就是在其他孩子回答不上老师的问题时替他们回答，结果这些孩子的聪明引来了其他孩子的嫉妒。如果孩子之间存在年龄差距就不会有这种嫉妒情况出现。年龄小的孩子不会因为年龄大的孩子回答了问题而感到羞愧，因为他们知道自己现在年龄小，将来一定能够回答出这个问题。这种在不同年龄的孩子之间产生的爱和敬仰之情，是一种真正的兄弟姐妹之情。

在传统的学校中，升学的唯一方法就是竞争，但这常常会引起嫉妒、怨恨和羞愧等情感。在这种环境中成长的孩子会变得自以为是，并且爱控制别人。而在我们的学校里，年龄大的孩子认为向年龄小的孩子提供保护是理所应当的。这种“大”保护“小”、“小”尊重“大”的气氛在学校里相当浓厚，每个班级也都具有很强的凝聚力。最后，孩子们对彼此的性格都有所了解，并且能够互相帮助。传统学校的孩子们经常会说“某某得了第一”或“某某是最差的”之类的话。人与人之间的真挚感情是不会在这种环境中培养出来的。年龄是儿童在生活中形成各种不同性格的重要影响因素。

人们可能会担心：如果一个5岁的孩子为3岁的孩子进行讲解，会不会不利于这个5岁孩子的成长？

首先，他并不是把所有的时间都用在为小孩子进行讲解上。小孩子对大孩子的自由还是很尊重的。

其次，讲解行为有助于他深入理解所学的知识。他在给小孩子进行讲解之前，必须自己先对所学知识进行分析和整理。

因此，他的这种讲解行为不是没有任何回报的。

3～6岁孩子的教室与7～9岁孩子的教室并不是完全分开的，6岁的孩子仍然可以向高年级的孩子学习。班级与班级之间的墙只有腰那么高。孩子们很容易就可以跑到另一间教室，我们也不会对他们进行约束。如果一个3岁的孩子跑到了7～9岁孩子的教室里，他们是不会在那里待很长时间的，因为他们会发现在那里找不到对自己有用的东西。为此，我们在班级之间只设了一道矮矮的隔离墙，而没有把孩子们完全隔离开。这样，不同年龄段的孩子可以互相交流。

每个孩子都有自己固定的活动场所，但孩子们之间又不是完全被隔离开的。孩子们可以自由地到其他教室去学习新东西。一个3岁的孩子可能会跑到一个正在求解平方根的9岁孩子身边。他可能会问这个9岁的孩子正在做什么。如果他对得到的回答完全不能理解，就会跑回自己的教室，因为那里有他感兴趣的东西。而6岁孩子可能会对9岁孩子所做的事情稍有理解。他可能会在9岁孩子的身边多待一会儿，学习一些东西。

孩子们在不同年龄段教室之间自由行动，可以让他们对不同年龄具有的理解能力有所了解。事实上，我们也是通过这样的安排才了解到八九岁的孩子可以理解平方根。因为我们发现这个年龄段的孩子有足够的耐心去观察12～14岁孩子求解平方根的过程。同样的，我们也注意到8岁孩子会对代数产生兴趣。儿童的发展不仅仅依靠他们年龄的增长，也依赖于我们是否给了他们足够的自由，让他们去观察。

我们学校的教学方法是十分灵活的。理解大孩子所做的事情，能够给小孩子带来乐趣，而大孩子又乐于给小孩子讲解他们所知道的东西。孩子们之间没有高低贵贱之分，他们通过互相学习实现了健康成长。

所有这一切都说明，我们学校之所以能取得如此大的成绩，是因为我们尊重自然规律的作用。

对儿童人格个性的尊重

我们的教育体系还有一个特征，就是对儿童人格个性的尊重，并把这个重要性提到前所未有的高度。

这3条准则最早在我们的“儿童之家”中得到了充分应用。“儿童之家”这个名字本身就带有家的含义。人们广泛地讨论这种新教育体系，特别关注到儿童与成人的角色倒置——教师没有讲台，没有权威，也几乎不组织教学活动；而儿童是活动的主体，他们可以自由地到处走动，去做他们感兴趣的事情。有人认为这是一种“乌托邦”，还有人认为这不过是夸夸其谈。

但是，我们的另一些改革措施也得到了支持和接受：一些适合儿童的事物，如窗明几净的教室，用花朵布置的小窗户，模仿正常家具做成的缩小版家具，如小桌子、小扶手椅子、美丽的小窗帘、儿童随手可拉开的小橱柜以及小橱柜里可以随意拿取的各种物品……所有这些东西都可以被视为具有实际意义的改善，而且对儿童的发展起到了促进作用。我相信，有更多的“儿童之家”会努力保持给儿童带来快乐和便利的这些特色，并将其视为“儿童之家”的一个主要特征。

我们要为儿童创造一个能够满足他们需要的环境。当我首次提出这个观点时，引起了很多建筑学家、艺术家和心理学家的兴趣。

·3·

科学、合理、有序的养育环境

我们要为儿童创造一个能够满足他们需要的环境。当我首次提出这个观点时，引起了很多建筑学家、艺术家和心理学家的兴趣。其中一些人和我就房屋的大小、高矮和装修等影响注意力集中的要素进行了专门的讨论。这样的建筑不只是为孩子提供一个庇护所，还具有更深层次的心理学意义。而且，这些房子的价值不仅仅在于它们的形态、颜色，还在于房子里为儿童所提供的用具。这些用具只有放在孩子触手可及的地方，才能引起他们的注意。而且，儿童的用具不是随意摆放的。它们的摆放方法是通过对儿童的长期观察总结得到的。

正确摆放儿童用具

- 我们在儿童的生活环境中摆放一小部分物品，让儿童自己选择。
- 我们把儿童愿意使用的物品留下来，把他们从未动过的物品拿走。

我们为儿童提供的物品，不是针对一所或几所学校总结出来的，而是针对世界各地的学校共同总结出来的。因此，我们可以说，这些东西都是儿童自己选择的。我们发现有一些东西是所有儿童都很喜欢的，我们认为这些东西对儿童的发展非常重要。我们还发现有一些东西儿童几乎从来不碰，其中一些东西甚至是成人完全没有预料到的，而且各个国家都是如此。如果我们允许一个正常的孩子自由选择，就会看到同样的情况。这些孩子总是选择一些昆虫、花朵之类的东西。显然，儿童需要这些东西。

儿童选择的都是对自己的成长有帮助的东西。我们最初曾为儿童准备了一些玩具，但他们几乎从不动这些玩具。我们还为儿童准备了许多颜色各异的东西，但儿童通常只选择一种，就是我们经常会用到的扁平线轴。在所有国家都出现了这一情况。各个地区、各个国家的儿童，他们的选择是如此相似，这也反映出一些社会生活方面的问题。

家具的问题

家具的问题也不能轻视。我们的学校使用的是一种“轻便的家具”，这种家具简单、经济。还有一点对孩子具有非比寻常的意义，就是这些家具很容易清洗。这样，我们既可以让孩子“学会清洗”，同时又进行了一种快乐、有教育意义的练习。从本质上来说，我们提倡使用的“轻便”家具是要达到“艺术之美”的境地。我们制造出简单、典雅、得体的家具，用来取代现在学校使用的各种取材复杂而又昂贵的家具，这不仅表现出家具的实用功能，而且体现出人类的革新精神。

这既能大大提高我们的鉴赏力，又能帮助我们改变自身的一些不良习惯，更重要的是，这种努力还会把人类引入一种全新的“启蒙教育模式”。艺术的人性化，会让孩子们脱离那种丑恶和黑暗的环境。很显然，当一个人进入“卫生所”，就会感到恐怖，那里的墙没有一点儿装饰，家具也是白的，看起来就像进入了医院。至于学校，甚至可以说它就像一座座坟墓，那里的黑色课桌就像灵柩一样一行行地排列着。人们会选择黑色，只是因为学生在平时学习的时候总是难免会造成一些污迹，而黑色可以使污迹看起来不明显。教室里只有黑色的课桌和灰色的墙壁，那些墙壁光秃秃的，简直比太平间的墙壁还简陋。人们把其他所有可能会分散学生注意力的东西都从教室里搬走，据说这样做的目的是让孩子那饥渴的心灵“接受”老师传授给他们的不易消化的知识食粮。也就是说，他们费尽心机，就是为了让学生的注意力集中到老师的演说上。实际上，如果一个孩子真正被他自己手上的工作所吸引，那么任何装饰品都不可能会分散他的注意力，而美不仅可以帮助他集中思想，而且能够让他消除疲惫、恢复精力。可以说，环境美丽的地方是最适合生活的地方。所以，如果我们希望学校能够成为“观察人类生活的实验室”，就一定要把美的东西都汇集在这里，这就如同细菌学家在实验室里，为了培养杆菌就要备好炉子和土壤一样。

儿童的用具、桌子和椅子应该轻便而且易于搬动，更重要的是，它们要具有教育性。因此，我们让孩子使用瓷碗、瓷板和玻璃杯、玻璃吸管等最容易被打破的物品，一旦它们出现了破损，就像是在对孩子们粗鲁和漫不经心的行为发出警告。这样有利于借机引导儿童纠正自己的行为，训练他们行动时细心、准确，学会不碰撞、不打翻或者摔坏东西，让自己的行为变得越来越文明和富有节奏，并慢慢地像主人一样成为各种器具、用品的管理者。同时，孩子们也会养成好习惯，尽力做到不弄脏或者弄坏他周围那些干净、漂亮和常用的东西。经过这些训练，他们能使自身更加完善，活动更加灵活、自由，做各种动作时能够保持统一和协调。同样，我们可以经常让儿童听些恬静、优雅的乐曲，在经受了这样的训练和陶冶之后，他们将会厌恶噪声和吵闹，而且也会约束自己不要随意发出这样不和谐的声音，并努力避免跟别人吵闹。

相反，在一般的学校里，那种沉重、结实，甚至连搬运工人都很难搬动的课桌，就算孩子们对它撞击几百次，或者在那黑色的桌椅上千百次地洒上墨迹，把金属盘掉在地上千百次，它们都不会有丝毫破损，也看不出任何污迹！但是，这样的环境会让孩子们无法察觉自身的缺点，很容易使他们的错误隐匿起来，无形中助长了他们施展伪装的伎俩。

本章小结

蒙氏养育观点

学校应该成为孩子自由自在生活的地方，孩子既能够在这里享受内在发育方面潜在的和精神上的自由，又可以使自身在生理、生长到机体活动上都能够在这里找到“成长和发育的最好条件”。为儿童提供可以自由活动的场所，有利于他们进行自我训练，并寻求自身的发展，它是让一个儿童成为人的重要条件，也是一个人形成独特而又复杂个性的重要因素。

在自由的学校里，房间也应有些特殊的要求，要积极应用心理卫生学的知识。成人的环境对儿童来说并不适宜，其中潜藏着一些儿童不得不多加小心的障碍。这样的环境会使儿童感到别扭，容易受成人的暗示。

在儿童的生活环境中，为他们配置的设施和用具应该同他们的身高和力量大小相适应。儿童的用具不是随意摆放的，它们的摆放方法是通过对儿童的长期观察总结得到的。

□我们的学校使用的是一种“轻便的家具”，这种家具简单、经济，很容易清洗。这样，我们既可以让孩子“学会清洗”，同时又进行了一种快乐、有教育意义的练习。

□我们让孩子使用瓷碗、瓷板和玻璃杯、玻璃吸管等最容易被打破的物品，一旦它们出现了破损，就像是在对孩子们粗鲁和漫不经心的行为发出警告。这样有利于借机引导儿童纠正自己的行为，训练他们行动时细心、准确，学会不碰撞、不打翻或者摔坏东西。同时，孩子们也会养成好习惯，尽力做到不弄脏或者弄坏他周围那些干净、漂亮和常用的东西。

□要达到完美的理想境地，还应该为孩子们提供一个“心理教室”，这个“心理教室”比“生理教室”要大两倍。

□要让人感觉舒适，就一定要让房间的地面有一半是空着的，不要摆放任何东西，这就是令孩子们愉快的、可以自由活动的空间，孩子们在这里肯定要比在一个布满家具的中等大小的房间里感觉舒服得多。

第 7 章
学会爱你的3岁孩子

MONTESSORI BRINGING UP
YOUR 3 YEARS OLD
CHILD

如果成人能做到与孩子在一起时谦虚和善，像对待自己那样对待孩子，那么就可以说其掌握了最基本的教育准则，可以作为大家效法的教育楷模。

·1·

引导孩子工作的原则

巧妙的引导必不可少

适时的帮助和参与是孩子们取得成绩的重要原因之一，在孩子进行练习时，教育者要进行巧妙的引导。教育者正确的引导方式是，在引导的同时不要让孩子感觉你无处不在。也就是说，你要在孩子需要的时候及时提供帮助，但千万不能因此而打扰孩子的练习。

枯燥乏味的语言会减弱孩子的学习热情。只有保持孩子的求知热情才能够实现正确的引导，但这并不是一件很难做到的事情。要做到这一点，只需要教育者尊重孩子，对待孩子有足够的耐心，并且在孩子做练习的过程中尽量让孩子独立操作，不进行过多干涉。

在这样的引导下，我们渐渐能感觉到孩子身上拥有一种向外扩展的个性，他们做事积极主动，自主选择想要做的事并能坚持下来。遇到困难时，孩子不逃避，而是努力用自己的能力以乐观向上的心态去克服、解决这些困难。当孩子克服了困难，他们会为自己的小胜利感到非常高兴，并热情地将自己的喜悦心情和成功体验与他人分享。因此，教育者不应该去打扰孩子的练习，最好的教学方式就是静观其变。

耐心地等待孩子的进步

请耐心等待孩子随时会给我们带来的快乐，并分担他们可能会遇到的困难。当孩子需要我们的帮助时，请积极热情地回应他们。如果孩子的进步比较缓慢，我们也要保持最大的耐心期待他们的进步，并对他们的成功给予最热烈的回应。如果成人能做到与孩子在一起时谦虚和善，像对待自己那样对待孩子，那么就可以说其掌握了最基本的教育准则，可以作为大家效法的教育楷模。

对我们成人而言，最希望的是工作不被干扰，是在努力工作的过程中没有阻碍，特别是在需要的时候能有朋友提供帮助。我们愿意和朋友们快乐相处，成为真正的好朋友，为了共同的目标而努力工作。我们需要的同样是孩子需要的。事实上，孩子们更需要获得成人的尊重，因为他们纯真，并且有着无限美好的未来。

然而令人遗憾的是，在现实生活中，很多成人并不尊重孩子。很多成人无视孩子的需要，总是要求孩子，甚至强逼孩子顺从自己，蛮横、粗暴地对待孩子。而且很多成人都希望孩子能规规矩矩、乖乖听话。孩子拥有很强的模仿能力，如果希望孩子能友善待人，就请尽量友善地对待孩子。友善包括理解、宽容，还包括付出和奉献，这些友善精神都需要成人展现在孩子面前。

由于孩子无法将自己的需要表达出来，而且孩子的需要往往深埋于无意识中，所以我们必须研究孩子，以便了解他们的真实需求。这是来自孩子生命深处的呼唤，我们要根据某种方法释放孩子的需要。孩子的学习和成长过程是一个非凡的、神奇的过程。我们对这一过程进行间接干预，给孩子提供一些必要的成长手段，之后，我们只能谦卑且耐心地等待孩子成长。

请放手让孩子在内在生命的指引下无拘无束地自由成长吧！我们只需要耐心等待并仔细观察孩子的成长过程就可以了，这是我们能做到的所有事情。

他们总是选择一些同样或自己偏爱的东西，而很少去留意其他的东西，这使得那些没有被选中的东西上落满了尘土。

·2·

对儿童的观察与发现

重复练习

一个3岁左右的小女孩，不停地将一些圆柱体放到不同的容器中，然后又将它们取出来。这些圆柱体的大小不同，都正好可以放进容器相应的孔里，就像用软木塞子塞进瓶口一样。

我惊讶地发现，女孩做这个练习是如此的兴致勃勃，而且她一遍又一遍地重复着。她并没有表现出任何想要加快速度或提高动作敏捷性的愿望，只是不断地重复着这个练习。

我让其他孩子在女孩身边唱歌并到处走动，但是这丝毫没有打扰到她的工作。当我抬起她坐着的小椅子时，她一把抓起自己正在摆弄的东西，并把它们放在自己的膝盖上，继续重复着这个工作。

这时，我开始计数，女孩一共重复做了42遍。然后她停了下来，就好像刚从梦中醒来似的，并满足地微笑着。她的眼睛炯炯有神地环顾四周，甚至丝毫没有发觉我们曾打扰过她。

女孩到底在做什么呢？她为什么要这样做呢？这促使我们第一次去探求儿童那尚未被探索的内心。我们发现，这个小女孩还处于无法持久集中注意力的年龄。一般的观点认为，在这个时期，儿童的注意力会不停地从一件事情转移到另一件事情上。然而，这个女孩却能如此专注地做一件事情，以至于根本没有感觉到外界的刺激。当她把不同的物体恰到好处地插到一起时，她的手也随之进行着有节奏的运动。

尽管儿童专注于某事以至于浑然忘我的情况并不多见，但我还是发现了一种所有孩子都具有的独特行为，而且这种行为几乎会在他们所有的活动中不断地表现出来，我将这种现象称为“重复练习”现象。

有一天，我发现孩子们正在工作，他们的小手很脏，我想我应该教给他们一件有益的事情——怎样洗手。

在教会孩子们洗手后，我发现这些孩子虽然已经把小手洗干净了，但还在不停地洗，而每当他们离开学校时，都会再洗一遍。他们一次又一次地重复练习洗手，却没有任何外在的原因。

在其他的活动中，我们也发现了这一现象。一项练习被教得越是细致，甚至关注到每个小细节，儿童越会不断地重复这个活动。

自由选择

我还注意到另一个十分简单的情况：

孩子们使用的物品都是由一位老师发给他们的，使用完之后再由这位老师将所有东西收回来放到原处。这位教师告诉我，每当她收回物品时，孩子们就会从座位上站起来，走到她面前。不管她曾多少次把他们打发回自己的座位，但是孩子们仍然会走到她面前。因此，她认为这些孩子不听她的话。

我观察了这些儿童，意识到他们这样做，是想把物品放回到它们原来所在的位置。我允许他们这样做后，他们便开始了一种新的生活。他们开始对有秩序地摆放物品非常着迷，并且会把每一样物品都摆放得十分整齐。如果一个孩子摔坏了一个玻璃杯，其他的孩子就会跑过来拾起玻璃片，并把地面打扫干净。

有一天，这位教师打翻了一只盒子，里面装着80块颜色渐变的小方块。她感到很窘迫，因为要把这么多颜色不同的小方块按颜色排列起来是很困难的。这时，孩子们跑了过来。令人惊讶的是，他们迅速地把小方块按正确的颜色顺序排列了起来，并在这方面表现出远胜过成人的敏感性。

有一天，这位老师到校迟了一点儿，前一天她又忘了锁柜子。当她来到教室后发现，孩子们已经把柜门打开了。许多孩子围着它，还有些孩子正将教具取出来拿走。这位老师把这视为一种盗窃行为，并认为他们之所以盗窃是因为不尊重学校和老师，应该受到严肃处理，这位老师还讲了一些道德和原则来教导孩子。

相反，我把这件事视为一个标志。它标志着孩子现在已充分地认识了这些教具，并且已经能自己作出选择。后来出现的情况也证明确实如此。

这使儿童开始了一项新的、有趣的活动。现在，他们可以根据自己的喜好来选择不同的教具进行工作了。

儿童所进行的自由选择，使我们看到他们的心理需要和倾向。一个最有趣的发现就是，这些儿童只选择我们给他们提供的其中一部分教具，而不是选择所有的教具。

于是我意识到，对儿童而言，每一样东西不仅应该有序地摆放，而且应该适合儿童的需求。只有让教具的摆放不发生混乱，并且淘汰掉不需要的教具，儿童的兴趣和专注才会发自内心地产生。

对孩子们来说，最重要的是，他们发现成长的道路上没有了障碍。他们不需要躲避、不需要害怕、不需要回避。他们的镇定自若可能归功于他们能如此简单、迅速、极好地适应他们的环境。

·3·

儿童需要自尊

拥有自尊感

有一天，我决定给孩子们上一堂带点儿幽默感的课——如何擤鼻涕。

我给孩子们示范了使用手帕的各种方法，还告诉他们如何做得不引人注意。我以他们不易察觉的方式拿出手帕，并尽可能轻地擤鼻涕。孩子们全神贯注地看着我，没有一个笑出来。

这时，我还觉得有些奇怪，为什么他们不笑呢？当我一结束示范，他们就开始热烈地鼓掌，他们的掌声就像剧院中表演结束时响起的掌声那样持久、热烈。我还从未听到过这些小手拍出过如此响亮的声音，我也没想到这么小的孩子能拍出如此热烈的掌声。

接着，我意识到也许自己触动了这些小家伙有限的社交中的敏感点。儿童在擤鼻子方面感到特别困难。他们经常为此遭到他人的责备，所以他们在这一点上十分敏感。他们听到的喊叫和辱骂性的语言强烈地刺痛了他们的情感。而更让他们感到难堪的是，他们在学校里穿戴整齐后，还要把手帕别在惹人注目的围嘴上，以免丢失手帕。但没有一个人曾真正教给他们如何擤鼻涕。当我这样做的时候，他们感到从前所受的羞辱得到了补偿。他们的掌声就表明，我不仅公正地对待了他们，而且使他们获得了新的社会地位。

长久的经验告诉我，这件事情确实就像我理解的那样。我逐渐意识到，儿童有一种强烈的自尊感。通常情况下，由于成人没有意识到这一点，所以儿童很容易受到伤害和压抑。

就在我给孩子上课的那一天，当我要离开学校的时候，这些孩子开始喊："谢谢您，谢谢您给我们上的这一课！"当我离开教室时，我身后还跟着一支静悄悄的队伍，直到最后我对他们说："你们回去吧！要注意踮着脚尖跑，不要撞到墙角。"他们才转过身，飞一般地消失在门后。

当有参观者来学校时，这些孩子都表现得非常自尊、自重。他们知道如何热情地接待这些来访者，并向他们演示自己是如何完成工作的。

曾有一次，有人预先通知我们，会有一位重要的人物来访。他要单独跟孩子们在一起，以便能够亲自观察他们。我对老师说："顺其自然吧！"然后又对孩子们说："明天将会有一位客人来看你们，我希望他能认为你们是世界上最好的孩子。"

后来我问这位老师这次访问进行得怎样，她回答说："非常成功。有些孩子给这位客人拿椅子，并礼貌地说'请坐'，其他的儿童则说'你好'。当这位客人离开的时候，他们把身子探出窗外喊道：'谢谢您的来访，再见！'"我问她："你为什么要教孩子们这样做呢？我告诉过你不要做任何特别的事情，只要让孩子按照自己的意愿行动就好。"她回答说："但是，我并没有要求他们做任何事情呀！"然后，她继续说："孩子们比平时更加勤奋地做着各项工作，并把所有的事情都做得十分出色，令这位来访者赞叹不已、深受启发。"

曾经我也怀疑这位老师对我所说的话。我担心她可能给了孩子一些特别的指导，于是，我又问起这件事。但最终我意识到，这些孩子已经拥有了自尊感，他们尊重自己的客人，对能向客人展示自己力所能及的事情而感到自豪。我不是曾跟他们说过“我希望客人能认为你们是世界上最好的孩子”吗？但是，可以肯定的是，并不是我的劝告使他们这样做的。无论我什么时候告诉他们“有客人来访问你们了”，这就好像告诉他们客人已经来到了会客厅一样。这些镇定自若的孩子身上充满了魅力和自信，他们总是乐于接待来访者。他们再也没有像过去那样羞怯。

现在孩子的心灵与他们所处的环境之间再也不存在障碍了。这些孩子自然地展现着生命，就像展开白色花瓣、散发出阵阵花香的莲花，沐浴在太阳的光辉中一样。对孩子们来说，最重要的是，他们发现成长的道路上没有了障碍。他们不需要躲避、不需要害怕、不需要回避。他们的镇定自若可能归功于他们能如此简单、迅速、极好地适应他们的环境。

发自内心的善意

这些儿童是这么机灵、活泼，而且还总是这样镇定自若。他们身上时刻散发出心灵的暖流，能够使与他们接触的成人从心底里感到震撼。许多人就是为了体验这种美妙的感觉来访问他们，所有的访问者也都获得了这种感动。

观察这些来访者的反应十分有趣。女士们的衣着都十分优雅并饰以珠宝。她们就像来参加一个招待会，想听到天真纯洁的孩子们的赞美。她们还十分愿意看到孩子们表现出好奇的样子。孩子们碰触着女士们华丽的衣服，并抚摸着她们柔软芬芳的手。

有一次，一个孩子走到一位正在服丧的女士面前，用他的小脑袋倚靠着她，然后拉起她的一只手，并用自己的双手握住了这只手。这位女士后来深情地对我说，没有一个人能像这个孩子那样给她如此大的安慰。

还有一次，总理的女儿陪着阿根廷共和国的大使来参观我们的学校。这位大使曾提出，不要事先告诉我们他要来访问，因为他经常听闻这里的孩子们具有自发性，他想验证是否属实。然而，当他们一行人来到学校时，才知道那天是假日，学校不开门。当时，院子里的一些孩子走上前去，其中一个孩子十分自然地解释道："今天是假日，但是没有关系，我们都在这幢楼里，门卫有教室的钥匙。"于是，这些孩子四处去叫自己的小伙伴。教室的门打开了，孩子们都动手工作起来。他们奇迹般的自发性行为无疑又一次得到了证实。

这些孩子的妈妈对所发生的一切赞叹不已，并跑来告诉我家里发生的事情。她们坦白地说："这些三四岁的孩子，如果不是因为是我们自己的孩子，他们说的话肯定会令我们感到非常恼火。比如，他们说‘你的手太脏了，应该洗洗了’或者‘你得把衣服上的脏东西洗干净’。当我们听到他们说这样的话时，我们却并不生气。我们感觉仿佛是在梦中听到了他们的告诫。”

事实上，这些贫穷的人开始变得爱干净、爱整洁了。窗台上的破水壶、破罐子不见了，窗户上的玻璃干净得能在阳光下闪闪发光，院子对面窗台上的天竺葵也开始怒放了。

儿童已经为我们提供了一种建立教育系统的实际存在的、积极的、已得到验证的规范。在这样的教育系统中，儿童的选择是我们的行动指南，儿童天性中的活力可以让我们避免走向错误。

·4·

敲开儿童的天赋之门

儿童喜爱什么，抵制什么

现在，我们能够描述儿童对外界影响的反应的某些方式了，其中最令人惊叹的就是他们可以完成一些需要手脑并用的活动。这些需要用手摆弄东西的活动，就像具有魔力的手杖一样，敲开了儿童发展的天赋之门。这些活动还促使儿童产生了心理活动，如“重复练习”和“自由选择”等，儿童的特性也得以展现。

我们看到儿童欣喜若狂、不知疲倦地工作，因为这些活动就如同一种心灵上的新陈代谢，只有经过这种新陈代谢，他们才能完成一次次的发展。他们热情地参与各项测试，比如“安静练习”等；他们沉迷于一些能带给人荣誉感和尊严的课程；他们对那些能促使自己心智得到发展的工具表现出迫切的需求，却对奖励、玩具、糖果之类的东西兴趣缺乏；他们还对秩序和纪律表现出极其强烈的需求……这些就像一面内心的“镜子”，帮助儿童审视自己。当然，他们依然还是孩子：他们生机勃勃、快乐、真挚、惹人喜爱；他们高兴地叫嚷着、奔跑着、拍着手、大声问候他人；他们毫不吝啬地表达自己的谢意，对帮助过他们的人真挚地表达谢意；他们对所有人都非常友好；他们喜爱自己看到的一切事物，并努力让自己适应这一切……

我们可以通过列表归纳出儿童喜爱什么、抵制什么，以及他们的自发表现形式。这些可以让儿童免于做无用功。

儿童喜欢的事物	儿童不喜欢的事物
● 重复练习	● 奖励和惩罚
● 自由选择	● 单词拼写书
● 控制错误	● 统一的课程安排
● 分解运动	● 规范的教学大纲和考试
● 良好的社交行为规范	● 玩具和糖果
● 有秩序的环境	● 教师上课用的讲台
● 保持个人整洁、干净	
● 训练感觉器官	
● 书写与阅读相分离	
● 在开始阅读前学习书写	
● 脱离书本的阅读	
● 活动中的纪律	

帮助儿童获得灵魂的快乐

当然，我们可以通过这张表描绘出一个教育系统的轮廓。儿童已经为我们提供了一种建立教育系统的实际存在的、积极的、已得到验证的规范。在这样的教育系统中，儿童的选择是我们的行动指南，儿童天性中的活力可以让我们避免走向错误。

我们常常用一种想法来欺骗自己：我们正在给予儿童各种各样的东西，包括新鲜的空气和食物。实际上，我们什么也没有给他们，因为对于一个人来说，丰衣足食和新鲜的空气是不够的，还有更高层次的因素制约着所有的生理机能。儿童身体的存在还需要快乐的灵魂，这也是所有生命的唯一关键。

生理学告诉我们，在室外吃一顿便宜的饭，比在空气污浊的屋子里进行一次豪华的宴会更有益。在露天环境下，人身体的所有功能都会更加活跃，对营养的吸收也更加完全。同样，跟富有同情心的人一同用餐，要比跟粗俗、令人厌恶的高官一同参加一个喜怒无常的贵族举行的盛宴更有益。在这样的情况下，对自由的渴望说明了一切。虽然有时候我们吃着精美的饭菜，住在金碧辉煌的大厦里，可是我们的生命却受到某种压抑。所以，这样的地方不利于我们的健康。

本章小结

蒙氏养育观点

适时的帮助和参与是孩子们取得成绩的重要原因之一，在孩子进行练习时，教育者要进行巧妙的引导，在引导的同时不要让孩子感觉你无处不在。教育者不应该去打扰孩子们的练习，最好的教学方式就是静观其变。

当孩子需要我们的帮助时，请积极热情地回应他们。如果孩子的进步比较缓慢，我们也要保持最大的耐心期待他们的进步，并对他们的成功给予最热烈的回应。孩子的学习和成长过程是一个非凡的、神奇的过程。我们只能谦卑且耐心地等待孩子成长。

对儿童而言，每一样东西不仅应该有序地摆放，而且应该适合儿童的需求。只有让教具的摆放不发生混乱，并且淘汰掉不需要的教具，儿童的兴趣和专注才会发自内心地产生。

儿童的选择是我们的行动指南，儿童天性中的活力可以让我们避免走向错误。

□ 枯燥乏味的语言会减弱孩子的学习热情。只有保持孩子的求知热情才能够实现正确的引导，要做到这一点，只需要尊重孩子，对待孩子有足够的耐心，并且在孩子做练习的过程中尽量让孩子独立操作，不进行过多干涉。

□ 需要用手摆弄东西的活动，就像具有魔力的手杖一样，敲开了儿童发展的天赋之门。这些活动还促使儿童产生了心理活动，如“重复练习”和“自由选择”等，儿童的特性也得以展现。

□ 一项练习被教得越是细致，甚至关注到每个小细节，儿童越会不断地重复这个活动。

□ 请耐心等待孩子随时会给我们带来的快乐，并分担他们可能会遇到的困难。

附　录

MONTESSORI BRINGING UP
YOUR 3 YEARS OLD
CHILD

洗手练习

训练目的：训练孩子的触觉，并让孩子养成勤洗手的好习惯

step 1 让孩子在一个小脸盆里面用香皂洗手。

step 2 在另外一个小脸盆里面用温水把手冲洗干净。

step 3 教他们怎样把手擦干。

训练方略

通过这种训练方式，我们就可以规范孩子的洗手方法。

触摸练习

训练目的：提升孩子的触觉感知力

step 1 牵着孩子的手，非常轻地接触物体的表面。

step 2 提醒孩子闭上眼睛，并鼓励他通过触觉进行更好的分辨。比如，慢慢抚摸你的手掌心，或者你衣角的布料（布料最好是天鹅绒或丝绸质地）。

训练方略

这种方式很简单，孩子很快就能学会，并且表现出对练习的热情。通过这种训练，孩子的触觉就可以得到很好的锻炼，他们会喜欢触摸柔软的表面，同时对砂纸表面触觉的差异也非常敏感。

立体感知练习

训练目的：锻炼孩子对形状的感知力

“立体感知”指的是通过用手触摸物体的外形轮廓来识别物体外形的能力。“立体感知”的能力不仅仅是指触觉，还包括肌肉感知能力。触觉仅能使人感知物体的外表是粗糙还是光滑，而对形状的感知要有两种能力的结合，那就是触觉和肌肉知觉，所谓肌肉知觉就是运动知觉。

3~6岁是孩子自身肌肉运动渐渐形成的阶段，正是这个能力的渐渐增强促使孩子可以进行“立体知觉”练习。当孩子将自己的双眼蒙住，用双手感知各种物体的外形时，就是在锻炼自己的感知能力。

step 1 用两块面积等大的长方形，拼在一起组成一个大的长方形木块。其中一块的表面用光滑的纸包裹着，或把木头的表面削得非常光滑，而另外的一块用砂纸包裹。

step 2 叠加砂纸包裹的木块和表面光滑的纸张包裹着的木块。

step 3 准备一些粗糙程度不同的纸条，从最光滑的纸到最粗糙的砂纸。

训练方略

通过触摸物体的外形来识别和理解物体的过程，让孩子获得了很大的满足和愉悦，并极大地促进了孩子的感知能力。

不仅仅是这些教具，很多东西都能锻炼孩子闭上双眼触摸和识别物体的能力，例如小砖块、弹球、硬币、豌豆等。孩子可以触摸各种各样的物体，并将外形相似的物体区分开。

蒙氏教具中有一些几何立方体，比如球体、棱柱、棱锥、圆锥和圆柱。最让孩子感兴趣地学习这些几何立方体的方法，就是闭上眼睛，通过用手触摸来猜出几何立方体的名称。另一个能让孩子对几何立方体感兴趣的方法，是让这些立方体动起来，例如圆球可以随意滚动，圆柱体只能往一个方向滚动，圆锥体是绕着自己滚动，而棱柱和棱锥却不能滚动，等等。

热觉练习

训练目的：提升孩子对于温度的感知力

step 1 使用一套小金属碗，里面分别放满不同温度的水。用温度计测量这些水的水温，这样就可以保证对于同时放进的两碗水的温度是相同的。

step 2 把孩子的双手分别放到冷水、温水和热水里面。

训练方略

孩子对这种练习非常感兴趣。对脚也可以做同样的练习。

触觉和热觉的练习可以同时进行。洗澡时通常对热的感觉要比触觉更加敏感。对于触觉的训练，用触摸的方式非常必要。同时，用热水给孩子洗手时，还可以教给他们不要用不干净的手去触摸东西。所以，我会把生活当中的一些概念，比如修剪指甲、洗手等，作为准备性活动，为服务于触觉刺激做准备。

重量练习

训练目的：提升孩子对于轻重的感知力

关于对重量的感觉，我们可以利用小木块做实验。

step 1 准备3块表面光滑、不同重量、大小一样的小方块。

step 2 让孩子两手各拿一个木块，然后平摊手指，把木块放在手掌心里，让孩子上下移动双手，感受重量不同。

step 3 让孩子闭上眼睛进行感觉。

训练方略

通过这种方式便可以测量木块的重量。我们应该让孩子通过不同的重量，而不是颜色进行区别。孩子学会这种方式后，就会对“猜”产生浓厚的兴趣。

这种游戏能吸引周围孩子的注意，让他们围聚在拿着木块的孩子周围，轮番地“猜”。有时候，孩子们会自己蒙上眼睛，轮番进行游戏，玩得非常开心。

安静练习

训练目的：**提高孩子对于声音的感知力，为将来的音乐训练打下基础**

step 1 保持安静。

step 2 用一系列变调说“嗞——嗞——”声音忽而尖锐忽而短促，还会拉长声调或者像耳语一般轻柔。

step 3 在孩子慢慢被声音吸引住以后，对他说：“更加安静些，更加安静些。”

step 4 接下来继续发出“嗞——嗞——”的声音，并且用越来越轻、几乎听不到的声音重复：“更加安静些。”

step 5 接着说：“现在可以听到钟表在走动的声音，可以听到苍蝇翅膀的声音，还可以听到花园里树木在低声说话的声音……”

训练方略

此时，孩子们都表现得异常兴奋，但他们坐在那里，一直保持一种绝对安静的状态。接下来，还可以让孩子们闭上眼睛重复几次这种练习，让孩子们熟悉静止不动和绝对的安静。

噪声练习

训练目的：感知刺耳或不协调的音符，提高对声音的鉴别能力

step 1 用鼓发出一系列不同程度的噪声。

step 2 用铃铛发出另外一组声音。

训练方略

安静后，摇动铃铛发出悦耳的声音，时而平静甜美，时而清纯动听，将这种振动传遍孩子的全身，对孩子非常有好处。除了对听觉能力的训练之外，通过这种经过细选的铃声，还能实现整个身体振动的练习，使这种平和的感受贯穿于孩子身体的每一部分。经过这种训练的身体会对噪声非常敏感。孩子们从而会讨厌噪声，也就避免了他们制造各种噪声。

听力的特殊重要性表现在它与说话的感觉器官相联系。因此，训练孩子的听力，让孩子注意周围环境的各种声音并辨别声音之间的区别，是为了孩子更清楚地聆听语言的发音而做准备。

准确发音训练

训练目的：为日后进行良好的语言表达打下基础

step 1 讲话时必须吐字清晰、发音准确，哪怕是用很小的声音在讲话。

step 2 与孩子说悄悄话时，也要做到发音准确、吐字清晰。

step 3 在教授的时候，发音一定要慢，把每个音节都分开来发。

训练方略

家长和教师要记得每次跟孩子说话都做到以上几点，坚持一段时间后一定会对孩子产生较好的影响。

肌肉知觉训练

训练目的：加强孩子对于音符的鉴别能力，培养孩子的音乐细胞

肌肉知觉训练的初期阶段，我们在罗马使用了一个教具，这个教具在市场上无法买到（下图）。教具是由两套乐钟组成的，有全音和半音的八度音阶。这些金属乐钟按照色彩顺序放在一块长板上，板上有与乐钟的木基尺寸相同的黑色和白色的长方形格子，白色格子意味着全音阶，黑色格子意味着半音阶，类似钢琴的琴键。乐钟按照doh、re、mi、fah、soh、lah、li、doh的次序放在白色的格子键上，只有摆放在长板上的乐钟与音调有关，代表着音符。

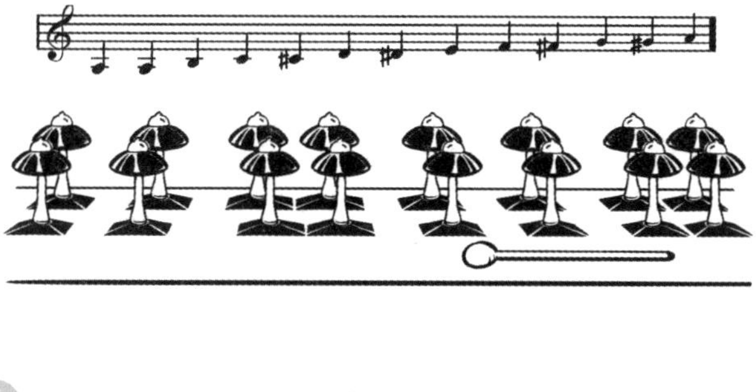

step 1 让孩子用小锤子敲击已经按次序排列好的那组乐钟的第一个音符doh。

step 2 再让孩子敲击另一组乐钟，这组乐钟没有半音符，而且乐钟的次序都被打乱了。需要孩子一次又一次敲击乐钟，找出他之前敲击过的doh音符。当孩子找到了doh音符之后，就将敲出这个音符的乐钟与第一组的那个乐钟doh音对应摆放。

step 3 孩子开始敲击第二个乐钟re音。与寻找第一个音相同，孩子可以敲击一次或者多次，从那套混乱的乐钟里找到re的音，并将发出re音的乐钟与第一组的乐钟对应放好。

训练方略

孩子以相同的方式继续练习，逐个识别出所有音符。一段时间的练习之后，孩子们在快速敲击按顺序摆放好的乐钟时，或者在按音阶顺序唱doh、re、mi、fah、soh、lah、ti、doh音符时，就可以依次听到并更熟悉各个音符和音阶。当孩子能够辨别各个音符和记牢音阶的顺序时，就可以将8个乐钟打乱放在一起，让孩子用小锤敲击它们，辨别出各个音符，并将它们按音阶顺序摆放好。

孩子每次进行新的乐钟练习时，都要从头开始将自己已经熟记的音符顺序再敲击一次，例如第一次敲击doh、re；第二次就是doh、re、mi；第三次是doh、re、mi、fah；第四次是doh、re、mi、fah、soh……这样的练习方式。

嗅觉练习

训练目的：提升孩子的嗅觉鉴别能力

step 1 我们让孩子闻鲜花的味道，比如紫罗兰和茉莉花等。

step 2 用一块布蒙上孩子的眼睛，告诉孩子："现在，我们要给你一些鲜花。"

step 3 把一束紫罗兰伸到他的鼻子下面，让他猜是什么花儿。

训练方略

这样做的时候，可以只用比较少的花，有时甚至仅是一朵花。

味觉练习

训练目的：提升孩子的味觉感知力

step 1 准备不同味道的溶液，比如苦、酸、甜、咸等。

step 2 让孩子用舌头接触这些溶液。

训练方略

对于这种感觉训练，几乎和味觉训练一样，只能在午餐时间才能进行，因为那个时候，孩子能够学会辨别许多气味。

孩子们喜欢识别各种味道。在每次测验以后，给孩子准备一杯温水，还可以让他们学会仔细漱口。从这个角度而言，对味觉的训练也是讲卫生的训练。

颜色板练习

训练目的： 让孩子感知不同的色彩，提升孩子对美的鉴赏力

step 1 准备3种对比最明显颜色的木板，比如红色、蓝色和黄色。

step 2 把两组（共6块）这样的颜色板放置在桌子上。让孩子看其中一种，然后要求他从剩余混合的色板中找到相应的另一块。

step 3 要求孩子根据颜色来排列色板，两两对应。

训练方略

在练习过程中，色板的数目可以增加，最多可达一次8种颜色，即16块色板。当呈现完对比明显的色彩以后，可以运用同样的方式，练习一些相对柔和的颜色。最后，可以根据同种颜色的不同深度，让孩子对颜色的深度进行排列。

颜色延伸练习

训练目的：进一步提高孩子对于相近颜色的鉴别能力

step 1 给孩子两个颜色（红色和蓝色）的8种深度的木板。

step 2 要求孩子根据颜色分组。

step 3 根据深度按照顺序进行排列。

训练方略

随着过程的深入，还可以使用一些相对比较接近的颜色，比如蓝色和紫色、黄色和橘黄色等。

颜色记忆练习

训练目的：加强孩子对于颜色的认识

step 1 给儿童呈现一块颜色板，给他足够的时间看颜色板。

step 2 让他在另外一张堆满了全部颜色板的桌子上，找到相同的颜色板。

形状记忆训练

训练目的：提升孩子对于“大”和“小”的认知

在让孩子进行各项练习的过程中，会使用到很多与练习相关的名称，这是让孩子进行清晰和准确语言练习的好时机。在做练习时，当孩子识别出了物体的差异时，要将物体的差异清晰地表达给孩子。

step 1 当孩子正在用粉红色的积木搭建木塔时，成人可以坐在孩子身旁，拿起差别最大的两个积木，一个最大的和一个最小的给孩子看，并用准确发音跟孩子说“大的”“小的”，而且在说“大”“小”两个词时，要连续几次用重音朗读。

step 2 成人要进行一个小测试，检查孩子是否已经理解了这两个词之间的区别和意义。对孩子说“请将大的给我”或者“请将小的给我”。再重复一次，“大的那个”“小的那个”。

step 3 暂停一下，再指着积木问孩子“这是什么样的”“那是什么样的”。如果孩子真正理解了这两个词，就会回答“大的”“小的”。

step 4 可以参考下面的对话方式让孩子能更清晰、更准确地表达词语。

成人："这是什么样子的？"

孩子："这是大的。"

成人："什么样子的？"

孩子："大的。"

成人："请大声地、清楚地告诉我，这是什么样的？"

孩子大声说道："大的。"

训练方略

在教授孩子理解"大""小"这两个词语时，所使用的教具必须是尺寸不同但外形相同的物体，即三维比例相同的物体。当两个物体外形相同只有尺寸上的差别时，一个物体相比另一个物体才能说是大的。

粗细感知练习

训练目的：感知“粗”与“细”的不同

step 1 教师拿出所有同等高度的圆柱体，把它们放在桌子上，水平排开。

step 2 教师把其中最粗的和最细的拿出来，说道：“这个是最粗的，这个是最细的。”

step 3 把这两个圆柱体按照垂直方向进行摆放，目的是告诉儿童，它们在高度上是一样的，同时重复几次“粗—细”。

step 4 要求儿童：给我最粗的那一个圆柱体，或者给我最细的那一个圆柱体。

step 5 进行名称的测试，问：“这是什么？”

step 6 利用这些圆柱体进行随机提问，说：“给我比现在这个粗一点的圆柱体，或者给我比这个细一点的圆柱体。”

高矮感知练习

训练目的：感知“高”与“矮”的不同

训练步骤与方略

教师要把第二套木块所有的圆柱体全部直立在桌子上，说：“这是最高的一个，这是最矮的一个。”接下来把这两个圆柱体拿出来，然后比较一下它们的底面，让孩子们知道它们的底面大小是一样的。教师也可以像刚才一样，从两个极端开始，在剩下的圆柱体里继续找出对比最强烈的圆柱体。

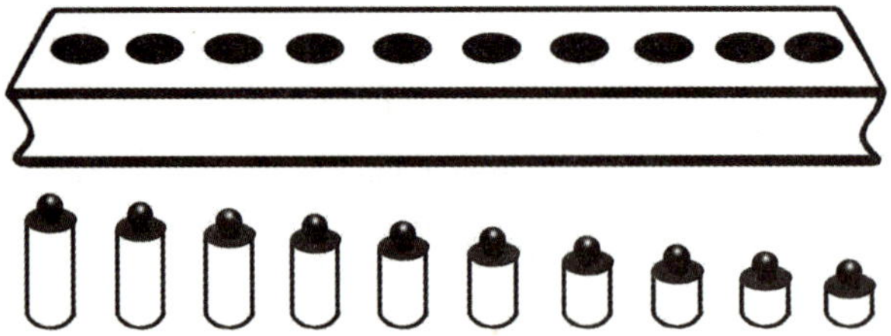

大小感知练习

训练目的：感知“大”与“小”的不同

训练步骤与方略

当教师按照顺序排列第三套木块的圆柱体以后，让孩子们观察其中的第一个，并且说：“这是最大的一个。”然后让孩子们观察最后一个，并且说：“这是最小的一个。”接下来，教师可以把这两个极端拿出来放在一起，让孩子们去观察它们的高度和底面都不相同。然后可以按照前两个木块中的练习顺序进行。

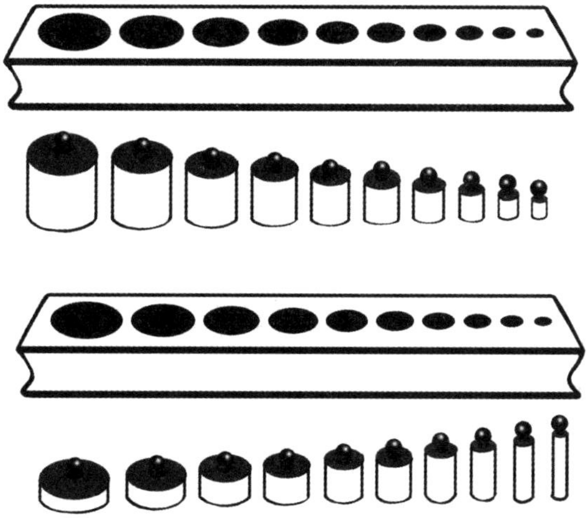

形状感知训练

训练目的：提升孩子对于各种形状的认识

训练步骤与方略

当孩子在辨别平面几何图形不会出错时，教师便可以进行讲解名称的课程。教师应当以两个对比强烈的图形开始，比如方形和圆形。

我们并不能教所有几何图形的名称，只能够涉及一些常规的比较熟悉的图形，比如圆形、长方形、三角形和椭圆形等。

我们要求孩子观察这样一种现象：长方形有长有短，有粗有细。

正方形的四条边都相等，所以正方形只有大小之分。

这些现象通过教学用具可以很容易地表现出来。比如，我们把正方形转一个方向，但它依然能够放入框架里面；而如果把长方形转方向的话，就不可能放到框架中了。孩子对这样的练习非常感兴趣。